恐怖実話

都怪ノ奇録

鈴木呂亜
黒木あるじ　監修

竹書房文庫

目次

医療の噂

癌の犬

こんな噂を、あなたは知っているだろうか。

その女性の父は、ある地方の大学病院に勤めていた。院長選挙に担ぎ出されるほどの優秀な人物だったが、信頼していた同僚医師数名が投票直前に対抗勢力へと寝返ったため、惨敗する結果となった。

企業の派閥と同様、院長選挙で負けた医師は極めて微妙な立場に追いやられる。中には肩身の狭さに耐えきれず、転院したり医師を辞めてしまう人間さえいるらしい。挽回するには、その病院の売りになるほど画期的な治療法を学会で発表するほかないのだという。

彼女の父も、新しい治療法を見つけようと躍起になっていた。毎日暗い顔でブツブツと何ごとかを言っていたが、唯一、飼い犬と散歩する時だけは表情が明るくなっていた。

ある日、犬の散歩から帰ってきた父が「やっぱり正しかったよ」と笑顔で言った。

「いつも散歩中に挨拶してたジョギング好きの夫婦、奥さんの方が死んじゃったんだって」

その嬉しそうな口調に驚きながら、女性は父に「何が正しかったの」と尋ねた。

「ユーリ（飼い犬の名前）さ、いつも旦那さんには目もくれず、奥さんにだけ擦り寄っていたんだよ。やっぱり分かるんだね。だからパパは正しかったんだよ」

はしゃいだ声でそう言うと、父は飼い犬の餌をしまっている棚からフリーザーバッグに入った干し肉を取り出してきた。

「これね、ガン患者から切除した腫瘍《しゅよう》なんだ。パパはユーリにずっとこれを食べさせて、ニオイを覚えさせてたんだよ。ユーリはガンの腫瘍を嗅ぎ分けられるってことだろ。つまり、パパの仮説は証明されたんだ」

絶句する彼女を置き去りに、父は狂ったように笑いながら自室へと消えて行った。

その後も父は「もっとデータを取らなきゃ」と言いながら毎日飼い犬と散歩に出かけており、数日に一度はあの干し肉を食べさせているという。

院長選挙は来年である。

ちなみにガン患者を嗅ぎ分ける「がん探知犬」は実在する。千葉県館山市にある「がん探知犬育成センター」には現在五頭の探知犬がおり、山形県金山町では探知犬を用いてのガン検診が行われている。患者が出す呼気や尿からガンの有る無しを嗅ぎ分ける仕組みで、その発見率は九十九パーセントにもなるのだそうだ。もしかしたら先述の話もこのような信じがたい犬の活躍から生まれた噂なのかもしれない。

本当に噂であれば、の話だが。

村の噂

防災放送

夏休みに祖父母の家へ行った折、夕方の集落に一語一語を区切ったアナウンスが流れ、妙な不気味さに驚く……。そんな経験のある方は、いるだろうか。

これらの放送は俗に村内放送や防災無線などと呼ばれるが、正式名称は市町村防災行政無線と言う。過去に津波や水害など甚大な災害の起こった地域や、東海地震の警戒地域、さらには原子力関連施設の周辺区域に整備されていることが多い。あの、独特のもったりとした喋り方にも意味があり、遠くに設置されたスピーカーから聞こえる声が、近くの声と重なり聞き取りづらくなるのを防ぐためなのだという。聞きなれない調子ゆえに薄気味が悪く、そのためか色々な噂の素材となっている。

こんな噂を、あなたは知っているだろうか。

千人あまりの人口を持つその町は、連峰へ続く登山口があることで知られている。

夏場のシーズンともなれば、鮮やかなリュックを背負った登山客がそこら中を闊歩《かっぽ》し、わずかな期間だけ町は活気付く。一方で、慣れない登山客の遭難も起こる。そのため、町には防災無線の巨大なスピーカーがいたるところに設置されている。

遭難者が出た場合には、捜索時刻や行方不明者の特徴が流れる。まんがいち自力で下山してきた場合に、他の登山客へ紛れないようにするためだ。遭難者が見つからない場合は「消防団が入山した」とか「今日の捜索は打ち切られました」など情報が頻繁に流れるが、発見の報せが届いた場合、放送は二種類に分かれるのだという。

「保護されました」とアナウンスがあった場合には、遭難者が生存している状態を指す。しかし、「発見されました」の場合は、遺体が見つかったという意味になる。他の登山客に分からないよう、町では関係者のみが判別できるように配慮しているのである。

実はもうひとつ、別なアナウンスが放送されることがある。

「第四公民館で、臨時集会を行います」

この放送が流れると、町民は家の中に入り鍵を閉める。外出している者は近くの施設に身を寄せて、およそ一時間をその中で過ごす。何故そのような真似をするのかは、誰も語らない。ちなみに、町内にある公民館は三つで、第四公民館は存在しない。

防災無線と同様に、噂が付きまとう放送と言えば、電車の車内アナウンスがあげられる。

有名なものでは「線路内に人が立ち入ったために、電車が遅れています」という趣旨のアナウンス。痴漢発生を表す隠語だとされているが、それは真っ赤な嘘である。運転士や車掌、駅員は無線で相互に連絡を取るため、隠語を使う必要性はない。人が立ち入ったと放送された場合は、額面通り線路内に侵入した不届き者がいるのである。

村の噂

百足猪

こんな噂を、あなたは知っているだろうか。

その村の裏手にある山は、かつては山菜や山魚、猪《いのしし》や鹿《しか》が獲れる実り豊かな場所だった。だが、数年前に県が産業廃棄物の貯蔵施設を誘致してからは、目に見えて生き物が減っていった。住民の多くはもう山へ近づこうとはしていなかったが、一人だけ、祖父の代からイノシシ撃ちを得意とする猟師の男だけは、相変わらず山に入って獣を仕留めていた。

表向きは害獣駆除の名目だったが、たまに酔うと、猟師は「山がまだ生きてるか、この目で確かめてるんだ」と嘯《うそぶ》いた。

ある日、山に入った猟師が「妙なものを目撃した」と言いながら村に帰ってきた。山の中腹で、一頭のイノシシを発見したのだという。

イノシシは藪《やぶ》から突き出した鼻先をヒクヒクと動かしていた。このまま撃っても良いが、まんがいち仕留め損ねると暴れたイノシシに反撃されかねない。猟師は銃を構えて鼻先をじっと睨みながら、イノシシが顔を出すのを待った。

五分ほどが過ぎ、ようやくイノシシが藪を掻き分けて姿をあらわした。けれども猟師は撃てなかった。ひとめ見るなり、その異様さに気付いたからだ。

イノシシには、百足《むかで》のように小さな足が無数に生えていた。

病気で出来た突起か皮膚に張り付いた寄生虫のようにも見えたが、小さな足はしっかりバタバタと動いていた。驚いている間に、イノシシは再び藪の向こうへ逃げてしまった。猟師は下山するや、「あんなものは初めて見た」と、会う人全員に異様なイノシシの話をした。

数日が過ぎたある日、村出身の県議と見知らぬ男たち数名が黒塗りの車に乗って猟師の家を訪ね、三十分ほどで去っていった。遠ざかる車を見守っていた村人はすぐに猟師の家へ行き、「どうしたんだ」と尋ねた。だが猟師は言葉を濁すと、「イノシシは俺の見間違いだったみたいだ」と繰り返す以外は何も答えず、数日後には突然村を去り、街へと引っ越してしまった。

数年後、たまたま村の者がその街へ出た際、高級そうな外車に笑顔で乗る猟師を見つけた。驚いてその後を追いかけると、外車は豪邸へと入っていった。裕福ではなかったあの男がどうしてそんな家に暮らし高級車に乗っているのか。村ではしばらく奇妙なイノシシ探しに明け暮れる者が増えたが、結局見つからなかったという。

福島《ふくしま》第一原発事故以来、福島県ではイノシシによる農作物への被害がそれまでの二倍に増加し、二〇一四年度は損害額が一億円近くになった。町をうろつくイノシシに攻撃され、負傷したという事件も増加。県はハンターに駆除を奨励して、二〇一四年度はおよそ一万三千頭を駆除したという。

しかし、駆除したイノシシは避難区域の植物や動物を食べているため、基準の三百倍という高レベルのセシウムが検出されており処分方法が難しい。生態系への影響や、近隣で飼育されている豚との交雑なども懸念されている。

街の噂

砂嵐

若い世代は知らないだろうが、その昔テレビがアナログだった時代には砂嵐と呼ばれるノイズ現象がよく見られた。電波が悪い時や放送が終了してしまった時に、ブラウン管の画面いっぱいに灰色の粒が動き回り、ザーザーと絶えまなく鳴るのである。二〇一一年に地上波デジタル放送になってから、砂嵐は発生しなくなった。デジタルの信号は0と1で構成されるが、アナログ信号は0と1の間にも小数点の電波があり、そのノイズが砂嵐になる。この小数点がない地デジでは砂嵐は起こり得ないのだ。

地上デジタルに移行した理由は「アナログで使用できる周波数が限界に達したため」と一般的には説明されている。一説には日本のハイビジョン技術に危機感を抱いた米国が、デジタル放送に移行する圧力をかけたとも言われている。

しかし、ある省庁関係者によると、地デジになった理由は砂嵐が原因だったというのだ。

視覚マジックや3Dなどの本をご覧になったことはあるだろうか。まさしく砂嵐そっくりな模様が描かれていて、じっと見つめていると、そこに隠された映像が浮かびあがってくる仕組みの本だ。

実はそれとおなじ効果が砂嵐にもあり、その影響を危惧した政府がデジタル放送に移行させたというのである。

こんな噂を、あなたは知っているだろうか。

ある男が、うっかりテレビを点けたままで眠ってしまった。目を覚ました時にはすでにテレビ放送は終了しており、画面には砂嵐がザーザーと広がっている。寝ぼけていた男はぼんやりと画面を眺めていたが、そのうち砂嵐の中に文字が浮かび上がっているのに気が付いた。文字は、その男が大嫌いな上司の名前だった。

翌日、上司は誤ってホームから落ち、死んだという。

先ほどの省庁関係者によれば、砂嵐というのは、見た人の潜在意識を映しだし、精神を変調させる作用があるのだという。そのため砂嵐を三十分以上見つめ続けていると、人によっては錯乱し、ひどく暴力的になったり衝動的に自傷行為を行ったり、最悪の場合は死に至るというのだ。

砂嵐にまつわる噂には、他にも「突然ゴミ処理場が映し出され、続いて人名を列記するナレーションと〝明日の犠牲者〟というテロップが流れていた」というものが有名である。もしかしたらこれも、砂嵐による幻覚なのかもしれない。

いったいなぜ、その上司は急逝してしまったのだろうか。砂嵐が、男性の憎しみを具現化させたとでもいうのだろうか。

もう砂嵐が見られない今となっては、解明する手段はないが。

街の噂

やけに広い部屋

こんな噂を、あなたは知っているだろうか。

ある夫婦が、夫の定年退職を機にフルムーン旅行をしようという話になった。候補に選ばれたのは、温泉で知られる観光地。ハネムーンで訪れた思い出の地である。宿泊場所も、当時と同じ旅館の同じ部屋を予約するという凝りようで、旅行は新婚時代をなぞる洒落《しゃれ》たものになるはずだった。

ところが、宿に着き部屋に通されると、夫婦は何かがおかしいことに気が付いた。部屋がやけに広いのだ。およそ半世紀前に宿泊した時は、いかにも旅館といった感じの和室だったはずだが、通された部屋は二十畳近くもあり、まるで和風のスイートルームといった雰囲気に様変わりしている。

気にはなったが、予定より豪華になったのだから不満を述べる理由もない。最近は高級志向にしないとお客さんが来ないのかもね、と夫婦は強引に納得した。

温泉を楽しむにも中途半端な時間だったので、夫婦は歩いて三十分ほどの場所にある、紅葉の美しい渓谷へ行ってみようという話になった。ハネムーンの時には手を繋ぎながら歩いて向かったが、二人とも六十を過ぎた現在はそのような体力も気力もない。表に出てタクシーを拾い、景勝地の名を告げた。

運転手は気さくな人物で、夫婦の素性をあれやこれやと尋ねてきた。夫が「実はハネムーンもここを訪れていて、おまけに宿も一緒、部屋まで同じなんですよ」と告げると、運転手は「そんな縁起の良いお客さんが宿泊したなら、あの旅館も嬉しいでしょうね。あそこは大変でしたから」と言った。「大変って、倒産でもしそうになったの？」そう聞いた妻に、運転手が「違いますよ」と笑った。

「一年前に、あそこで無理心中があったんですよ。そこもご夫婦だったみたいですけど、旦那さんが奥さんを道連れにしようと、包丁で滅多刺しにしたそうでね。這いつくばって逃げる血まみれの奥さんを、何度も何度も切りつけたもんで、部屋中が真っ赤になって。あの部屋はもう使えないわ、って女将さんが嘆いてましたよ」

恐る恐る部屋番号を聞くと、その部屋は自分たちの隣室だった。

景勝地には五分も居なかった。すぐに旅館へ戻って確認したところ、運転手が口にした番号の部屋は、存在しなかった。

「壁を壊して一室にしたのね」

妻がポロリと言ってから、自分で口を塞いだ。

旅館に部屋を代えてくれるよう頼んだが、空きがないとの理由で断られた。心中について尋ねたが、「そのような事件は存じ上げません」の一点張りだった。

結局夫婦は翌朝すぐに帰った。土産も買わず、写真の一枚も撮らなかったので思い出は何もない。夫はそれ以降、宿泊の予約を取る際は、部屋の広さを確認するようになった。広い部屋は、避けるよう心がけている。

犯罪の噂

イチジク工場の秘密

こんな噂を、あなたは知っているだろうか。

そこはイチジクが獲れることで有名な国だ。海外への輸出量も多く、農村部には収穫したイチジクを加工するための工場が数多く建てられている。

ところがこのイチジク工場、従業員が定期的に辞めてしまう。退職する人間の多くは、出稼ぎに来た他国の人間だという。

いったいなぜ彼らは短期間で辞めてしまうのか。この話を教えてくれた人は声を潜めて「スカウトだよ」と言った。

なんでも、イチジクから出る白い汁にはタンパク質を分解する酵素があり、その工場で半年も働くと指紋がすっかり消えてしまうらしい。そこに目をつけ、窃盗団が人を送り込んでいるのだという。つまり、国外からやってくる人間は窃盗の下準備のために働いている泥棒だというのだ。

「薬剤でも指紋は溶かせるんだが、皮膚が荒れてしまうため繊細な作業ができなくなる。窃盗には致命傷なので、彼らは皮膚を傷めず自然に指紋を消せるその工場まで、わざわざ出稼ぎに来るんだ。どんな職業も、オーガニックが推奨される時代なんだな」

工場側もそのような事情を知った上で、従業員を安く使っているとの話だった。

イチジクが指紋を消すというのは事実である。白濁した色の乳液に含まれるフィシンは、タンパク質を分解する酵素である。パイナップルに含まれたブロメラインや、パパイヤに含まれるパパインも同様の効果を持つ。パイナップルを食べ過ぎると口内が荒れるのは、この酵素の影響だという。

指紋は、乳頭《にゅうとう》（真皮の下にある層）が表皮の外に盛り上がって線状になったものである。一つもおなじ指紋がないのは、乳頭が人によって異なるためなのだ。この乳頭は配置を変えることができない。

一時的に指紋を剥ぎ取っても、乳頭がある限りおなじ形に再生してしまうのである。オウム真理教事件で逃走していた容疑者は、指先に別な皮膚を移植する手術を行ったが、まったく同じ指紋が再生されてしまったという。

刑務所の常連だったロスコー・ジェームス・ピットというアメリカの強盗は、指先の皮膚を切除後、患部を胸に縫い付けて皮膚を再生させ、指紋の完全消去に成功したという。だが過去に第一関節の紋状まで採取されていたため指紋を特定され、結局は逮捕されてしまった。

世界の噂

平べったい

こんな噂を、あなたは知っているだろうか。

「イチジク工場の秘密」を教えてくれた人が、他にもこんな話を教えてくれた。

海外貿易に携わっていた人が、ある国の辺境に出張することになった。行ってみると、周辺に比べてその地区だけ立派な家がやけに多かった。

やがて、現地の顔役と親しくなり酒の席を設けることになった。顔役はご機嫌で皆と語らっていたが、客が一人また一人と帰り、その人と二人きりになった頃、「特別なお土産《みやげ》は欲しくないか」と耳打ちしてきた。

「これだよ」

そう言って顔役は首から下げていた細い金鎖のネックレスをシャツの中から摘み上げた。鎖の先にはプックリした人間の指が付いていた。

「これは、私のところのビジネスなんだ」

顔役は上機嫌で、ここらの住民は指を売るのだと教えてくれた。

「なんのために」

「泥棒だよ。窃盗の時にこの指で、指紋をたくさん残しておく。すると警察はそれに気を取られて、犯人を見逃すってわけさ」

顔役によれば、リンチで切った指をポケットに入れていたギャングが、侵入したアパートに遊び半分で指紋を残したのが始まりだったらしい。それが評判となり、今では隣国からもわざわざ買いにやってくる者がいるほどの人気になっているのだという。

「村の半分は指が八本、中には六本しかない欲張りもいる。今では、泥棒以外の犯罪者もお守りに欲しがるんだ。この国は迷信が強いんだよ」

顔役は一本譲ると言ったが、その人は丁寧に断った。


数年後、彼から仕事を引き継いだ後輩社員がその地域に行った。

優しい人ばかりだったが、住民のほとんどは一本も指がない、平べったい手をしていたという。顔役は半年前に殺されてしまっていたそうだ。

迷信による殺人事件は、現在も世界で数多く起こっている。

タンザニアでは、アルビノ（先天的に色素を持たない疾病）の人間の体を手に入れると幸福になると信じられている。そのためアルビノの肉は高値で取引されており、手足や性器、鼻や舌などに日本円で七百万円程度の値が付くという。タンザニアの平均年収が三十万円台である。二〇一一年には、十一歳のアルビノの少女が川へ行く途中でアルビノ狩りに遭い、背中を撃ち抜かれてから頭部を切断され、舌や性器を切り取られ、持ち去られたという。

街の噂

カメラは何を見ていたか

こんな噂を、あなたは知っているだろうか。

女性はその日、いつもより早くマンションへ帰宅した。普段は頑張っても九時を過ぎるのだが、朝から体調が悪かったため、大事を取って定時で退社したのである。朦朧《もうろう》としながらエレベーターに乗る。安心したのか目眩《めまい》がして、彼女は壁にもたれた。階数表示の電光掲示板を眺めていると、天井の脇にぶら下がる防犯カメラに気が付いた。なんだか見慣れない形のカメラで、おまけに取り付け方が悪いのかエレベーターの振動に合わせ、ガクガクと上下に揺れている。その動きを見ているだけで吐き気を催し、彼女はエレベーターを出るなり小走りで部屋に向かった。

トイレに飛び込みたい。早くベッドに倒れ込みたい。それだけを考えながら玄関の鍵を開けて中に入ると、知らない男がいた。

「なんだよ、いつもと違うことすんなよ！」

そう叫び、男は彼女を突き飛ばすように逃げていった。

駆けつけた警察官が調べたところ、エレベーターの防犯カメラはマンションで設置したものではなく、ウインタースポーツの撮影などに使用される超小型のビデオカメラだった。

犯人はこれを毎日回収し、女性の帰宅時間をチェックしていたらしい。警察官の話では最近似たような通報が増えているとのことだった。

盗まれたものはなかったが、代わりに冷蔵庫に知らないマヨネーズが入っていた。数日後、「マヨネーズには犯人のものらしき精液が詰まっていた」と警察が教えてくれた。

犯人は捕まっていない。あなたも妙な防犯カメラを見かけたら、用心してほしい。

監視カメラに関係する有名な謎の一つに、エリサ・ラム事件がある。

二〇一三年、ロサンゼルスのホテルに滞在していたエリサ・ラムという女性の行方が分からなくなった。彼女はコロンビア大の学生で、カリフォルニアへと向かう途中だった。

それから半月後、ホテルの宿泊客から「水の出が悪い」とクレームがあった。従業員が屋上に設置された貯水タンクを確認すると、そこには変わり果てたエリサの死体があった。

当初は自殺か事故だと思われたが、それにしては奇妙な点が多かった。屋上に出るにはロックされた従業員専用ドアを抜け、非常用階段を使わなければ辿り着けない。おまけに貯水タンクに上るにはハシゴが必要で、蓋は女性一人では開けられないほど重かったのだ。

捜査に行き詰まったロス警察は、ホテルのエレベーターに設置されていた監視カメラに残るエリサの映像を公開。ところがこの映像が、新たな騒動の火種となった。

映像では、エリサはエレベーターに乗り込むなりすべての階のボタンを押している。だが何故かドアは閉まらず、彼女は何かに怯えているかのように、エレベーターを出て廊下を確認し、再び戻っては出てと奇妙な行動を繰り返す。その間もドアはまったく動かない。やがてエリサはエレベーターを飛び出す。直後にいったんドアは閉まってからすぐに開き、再び閉まって別の階へと移動した。

映像はそこで終わり、この数時間後にエリサは死んだ。

彼女は何に怯えていたのだろうか。本当に自殺なのか、それとも他殺なのか。あるいは……。事件は今も、未解決のままだ。

ちなみに、現場となったホテルは一九三一年に男が服毒自殺したのを皮切りに、数多くの自殺や殺人が起こっている。翌三二年にはピストル自殺、三四年には海兵がカミソリで喉を切って死んでいる。四四年には若い母親が新生児の我が子を窓から投げ殺した（この間も、毎年のように飛び降り自殺者が出ている）。一九八四年には、連続殺人犯リチャード・ラミレスが九歳の少女を殺しており、九一年には女性連続殺人犯ジャック・ウンターヴェーゲルが、客室で三人を絞殺している。

医療の噂

メスおろし

こんな噂を、あなたは知っているだろうか。

病院に務めるその人は、家族や親戚に「盲腸になるなら六月を避けろ」と口を酸っぱくして言い続けている。なぜなら医療業界には「メスおろし」と呼ばれる風習があるからだ。

新年度になると、研修医が各地の病院へと研修のためにやってくる。研修が終わるまでおよそ三ヶ月。つまり六月はその初執刀、不慣れな医師に当たる可能性が高いのだそうだ。

その人はいろいろな「メスおろし」を見てきたという。

普通であれば四十分で終わる手術を、二時間かけて汗だくで終えた新米医師、本来なら腰椎《ようつい》麻酔で済む鼠径《そけい》ヘルニア（脱腸《だっちょう》）手術で「患者に自分の未熟さを知られたくないから全身麻酔をかけたい」と泣きながら主張、手術後の患者に大きな負担を強いた若手女医。手術を中断し、父である医局長に「パパ、こういう時はどうすればいいの」と携帯で相談し始めた二世の外科医などなど。

中でも、忘れられない手術が二件あるとその人は言う。

一つは虫垂炎《ちゅうすいえん》、いわゆる盲腸の切除手術だった。簡単な部類の手術だが、運の悪いことに患者は糞石（排泄物や老廃物が石化した状態）が見られ、これらを取り除かないと、再び炎症を起こす恐れがあったのだという。

執刀したのは無口な新人の医師だった。彼は初めこそマニュアルをなぞるように黙々とメスを振るっていたが、突然マスクと手袋を外し「もう辞めます」と鉗子《かんし》台を蹴り倒してしまった。

「先生、どうしたんですか」と諭す看護師に、若い医師は「今気付いたの、やっぱり僕、夢を諦められない。ミュージシャンを目指すよ」と爽やかに笑うと、説得に一切応じず、そのまま手術を放棄してしまった。立ち会っていたベテランの医師がすぐ執刀を代わってことなきを得たが、結果的に指導教員の医師まで降格される大騒動になってしまったという。幸運にも全身麻酔だったため、患者は何も知らないままだったそうだ。

もう一件も虫垂炎の手術だった。メスおろしをしたのは優秀な成績で評判の若手医師。漂うオーラがすでにベテランの風格だと、周囲が太鼓判を押すほどの人物だった。

手術が始まって間も無く、医師が看護師に「別に良いよね」と聞いてきた。

「何がですか」

「殺しちゃっても」

冗談かと思い看護師は笑ったが、医師はニコリともしなかった。

「気になるんだよね。この臓器を刺したらどうなっちゃうんだろうとか、この管を切っちゃったらどんなふうに苦しむんだろうとか、どうしても知りたいんだよ。僕まだ新人だし、失敗したことにすれば平気でしょ」そう言いながら、医師はメスを強く握り直した。

看護師がとっさにメスを取り上げたためそれ以上は何も起こらなかったが、その医師は翌年に地方病院へ転院し、そこで手術中に患者を死なせてしまった。表向きは手術中の過失として片付けられたが、彼をよく知る人間は全員「とうとうやったか」と噂していたそうだ。

「だから、手術は六月以前が良いんですよ、どうしても無理なら七月過ぎ。執刀して二、三ヶ月も経てば、さすがに慣れますからね」と、その人は言った。

ただ、最近はそうとも言い切れないらしい。

別な人物が知人のベテラン医師に「メスおろし」の話をしたところ、医師はニヤリと笑ってこう言ったという。

「その噂が広まっちゃったからね、いまはメスおろしを八月まで延ばしてるんだよ」

街の噂

仙台の秘密

宮城県の県庁所在地、仙台《せんだい》。杜《もり》の都と謳《うた》われる東北随一の政令指定都市は、仙台藩初代藩主の伊達政宗《だてまさむね》が作り上げた城下町でもある。しかし、その街に隠された秘密があることを、あなたは知っているだろうか。

伊達政宗は仙台を作る際、ある仕掛けを施したと噂されている。

まずは、仙台市内の主要な寺社と旧跡を挙げてみよう。

始めに、一八七四年に創建された青葉《あおば》神社。ここは伊達政宗を祀《まつ》る、最も伊達家に縁の深い神社である。その隣にあるのが東昌寺《とうしょうじ》。政宗が一六〇〇年、仙台城の築城にあわせて岩出山《いわでやま》から移した寺だ。

仙台東照宮《とうしょうぐう》は、一六五四年に伊達忠宗が政宗の意思を受け継ぎ創建している。江戸幕府初代将軍の徳川家康《とくがわいえやす》が祀られていることからもその重要性が伺える。駅の東側に鎮座する榴岡天満宮《つつじがおかてんまんぐう》は、平安時代に現在の京都府に創建され、一六六七年に榴ヶ岡へ移されている。仙台城築城の際は、有力な候補地の一つでもあった。

愛宕《あたご》神社も、伊達にゆかりのある神社だ。伊達氏の本拠であった山形県米沢《よねざわ》市から一六〇〇年に仙台へ移転している。最後は大崎八幡宮《おおさきはちまんぐう》。一六〇四年に政宗自らが場所を決め、城下町の北西部に造営を始めた。その絢爛《けんらん》豪華な社殿は国宝にもなっている。


この青葉神社、仙台東照宮、榴岡八幡宮、大崎八幡宮、そして、政宗のいた仙台城《じょう》址《し》。これら六つの位置を地図上で結ぶと、そこに独特の形が浮かび上がってくる。六芒星《ろくぼうせい》、俗にヘキサグラムと呼ばれる図形である。イスラエルの国旗に描かれた図形を思い出してもらえれば、その形が容易に理解できるはずだ。

実はこの六芒星、洋の東西を問わず、神秘的な力を持つ図形として知られている。日本では六芒星は別名「籠目《かごめ》」と呼ばれている。籠目はその名前の通り、竹で編んだ籠の目を図形にしたもので、魔除けの効果があるとして民間信仰などにも広く用いられる。現在でも、伊勢神宮《いせじんぐう》の石灯籠には籠目が刻まれており、悪いものを祓う効果があるという。政宗は、この籠目によって仙台が繁栄するよう寺社の位置を決めたのではないだろうか。

また、六芒星は亀甲《きっこう》を表しているという説もある。鶴亀で知られるように、亀は縁起のいい長寿の生き物。それにあやかり、政宗は仙台の安寧を願ったのかもしれない。

実は、この仙台六芒星の力を利用しようと画策した組織が存在するという。

組織の名は、フリーメイソン。国際的な陰謀が語られる際、必ずと言っていいほどその名前が挙がる、世界を裏で牛耳っているという噂の絶えない秘密結社である。

このフリーメイソンのシンボルマークは、コンパスと定規を組み合わせた形をしている。石工職人の組合だった時代の名残だと言われているが、このコンパスと定規の直角部分に線を足していくと、六芒星が浮かび上がるのである。上向きのコンパスと下向きの定規はユダヤ人の証である「ダビデの星」という六芒星を形成しているという説もある。

このフリーメイソンが、六芒星が隠されている仙台に目をつけ、密かにその勢力を浸透させようと企んでいたというのだ。荒唐無稽にしか思えないこの説だが、ある人によればそのれっきとした証拠が、今も仙台市内に残っているのだという。

仙台城址に向かう一本道の脇に、大人の膝ほどの高さの妙な石が立っている。その石に刻まれているのは、コンパスと定規。そう、フリーメイソンのシンボルマークなのである。

不思議なことにこの石はいつ誰が、どのような目的で設置したものか何も分かっていない。仙台市に問い合わせても、全く資料に記載されていないのである。

一説には戦後間もない頃、進駐軍内部のフリーメイソン会員がこの場所で結団式を行ったのではないかと言われている。戦後、日本各地に進駐軍はいたはずだ。ならば、他の地で同様の石が発見されてもおかしくない。だが、他地域でこのようなマークが彫られた石は一つも見つかっていないのだ。ならば、何故仙台だけにこの石が立っているのか。

その謎が解き明かされる日は、来るのだろうか。


実は、政宗は仙台の街にもう一つの仕掛けを施しているとの噂がある。

先述の仙台城址と大崎八幡宮、東照宮に加え、政宗の霊廟《れいびょう》である瑞鳳殿《ずいほうでん》、そして政宗によって再建された陸奥国分寺《むつこくぶんじ》。この五つの場所を地図上で結ぶと、五芒星《ごぼうせい》が浮かび上がる。

五芒星は陰陽道《おんみょうどう》における魔除けの印であり、安倍晴明《あべのせいめい》を祀った晴明神社にも家紋として残されている。すなわち政宗は陰陽五行説に基づいてこれら五つの聖堂を配置し、結界を張っているというのだ。

もしもこれが本当であれば、仙台という街は五芒星と六芒星、二つの呪力によって守護されている非常に強力な街ということになる。

そう考えると、仙台が震災を経てなお現在も繁栄し続ける理由が、妙に納得できる気がするのである。

街の噂

性格診断

こんな噂を、あなたは知っているだろうか。

あるフリーターの男性が、暇潰しにネットサーフィンを楽しんでいた。思いつくままサイトを渡り歩き、やがて彼は性格診断を謳うサイトに辿り着いた。説明によれば、何問かのアンケートに答えると自分の本当の性格や、就くべき職業などを教えてくれるのだという。

試しにアンケートに答えてみたところ、当たっているように思えるところもある一方、信じがたい性癖を指摘されるなど腑に落ちない診断結果もあり、却ってそこが面白かった。彼は、他の性格診断や心理テストができるサイトを次々に見つけ、チャレンジしていった。

あらかた楽しむうちに、男性は次第に性格診断の傾向を掴み始める。どのような答えを選べばどういった結果が出るのか、なんとなく把握できるようになったのである。

じゃあ、こういう場合はどうするんだ。自分の仮説を検証するように、彼は遊んでいたサイトを再び巡り、今度は本心とはまるで異なる選択肢を選んだ。なるべくひどい人間と診断され、なるべく常識はずれの人間と思われるよう慎重に答えを選択した。

予想は的中、彼はどの性格診断サイトでも非道で非人間的で精神に問題を抱えた人物と判断された。すっかり満足した彼は、すぐにその日の出来事を忘れてしまった。

数日後、男性はバイト先の店長から突然の解雇を言い渡された。

「変な人たちが、あんたの素性を聞きに何回も店に来たんだよ。前科でもあるとこっちも評判になるから困るんだよね」

男性は必死に、罪を犯したこともなければ逮捕されたこともないと訴えたが、面倒を嫌う店長は聞く耳を持たず、翌月分の給料を先払いして彼を辞めさせてしまった。

失意のうちにトボトボ帰宅していると、今度は実家から電話があった。

「もしもし、あんた何かやったの？　昨日から変な男の人があんたについて聞きたいって、しつこく電話をかけてくるんだけど」

その後、「変な人」はバイト先や実家だけではなく、小学校の同級生やアパートの大家にまで連絡していることが分かった。

得体の知れぬ不気味さに怯えながら布団に入ったその日の夜、電話が鳴った。知らない番号だった。

おっかなびっくり出ると、電話の相手は低い声の女だった。女はまるで聞いたことのない会社名を名乗り、続いて「あなたの懸案事項は解消されました」と告げた。

女の話では、ネット上にアップされている性格診断サイトや心理テストのおよそ半分は、その会社が運営しているのだという。そこで収集されたデータは専門部署でチェックされ、該当する人物がいた場合には身辺調査を行う決まりになっているのだそうだ。

「身辺調査って、何のためですか」

「犯罪者予備軍です。将来的に重大犯罪を行う可能性のある人間を、深層心理的見地から見つけるのが私どもの仕事なのです。あなたの場合は、複数の性格診断サイトで不適切な選択肢を選んでいたため、調査対象になりました」

「……そんな、犯行前に犯人扱いするなんてメチャクチャじゃないですか。訴えますよ」

怒りのままに男性がそう言うと、電話の女は短く笑った。

「残念ながら、私どもは政府から事業委託されておりますので」

その言葉を最後に電話は切れた。

何年か経った現在でも、男性は「あれはドッキリだったのではないか」と疑っている。もしあの女の言っていることが本当なら、わざわざ自分に秘密を教えるとは思えないからだ。

しかし、そんなドッキリを仕掛ける理由も分からず、何より、どうして自分が性格診断サイトを見ていたと知っているのか説明がつかない。気にはなるが、あまり深入りするとまたあの電話が来るような気がして、彼は疑問を抱かないようにしている。

診断性格が好きな方は、ふざけた答えを選ばないようくれぐれもご用心いただきたい。

村の噂

夕立魚

こんな噂を、あなたは知っているだろうか。

一人の男性が新車でドライブを楽しんでいた。納品したてのRVでエンジンもすこぶる快調。ついつい予定をオーバーして走り、いつの間にか見たことのない山道に入っていた。

やがて、夕暮れを迎えたあたりで雨粒がフロントガラスを叩き始めた。そのうち止むと楽観視していたが、雨はどんどん勢いを増して、ついには視界が煙るまでにひどくなった。来た道をUターンするべきかどうか迷ったが、道幅は狭く、迂回するのも危なく思えた。どうせだから行けるところまで行ってみようと、そのまま進むことにした。

十五分あまり土砂降りの中を走っていると、急に道が開けて草地に出た。草地の脇には大きな澱《よど》んだ沼が口を開けていて、その周囲を男たちが囲んでいる。釣り竿を握っているところを見ると釣り人のように思えたが、男たちの多くはシャツや作業着姿をしており、上から下まで全員がずぶ濡れだった。

こんな雨の中で何をしてるんだろう。どうしても気になった男性は車を沼の手前に停め、雨足が弱まったのを機に男たちの元へ近づいた。

「釣りですか」と聞く男性を男たちは黙ったままにらんだ。異様な緊張感に圧倒されて、雨に降られるまま男たちを前に立ち尽くしていると、一人のおじいさんが近づいてきた。

この沼には、大きい魚がいるんだよ。

おじいさんの話で、その魚は地元では夕立魚、もしくはユウダチと呼ばれているのだと分かった。

今日のような夕立の時にしか姿を見せないからその名前なのだ、さっき大雨が降り出したから、これはと思い動員をかけて沼に集まったのだ。そう言いながらおじいさんは、両手をめいっぱい広げた。どうやら魚の大きさを表現しているようだった。

「そんなに大きいんですか」

なんとなくの流れで質問すると、おじいさんは首を振って「本当はもっと大きい。人間を飲むくらい巨大なんだ」と答えた。男性は思わず笑った。そこまで大きい魚がこの沼に、もっと言えば日本の淡水にいるはずがないと思ったからだ。

すると、銛《もり》のような柄の長い刃物を持った男が、真っ赤な顔で近づいてきた。

「お前、人の子供が魚に飲み殺されたのがそんなにおもしれえのか」

男はそう言いながら、今にも銛を投げつけそうな様子で迫ってくる。男性は急いで車に戻り、そのまま発進させた。

沼の横を通り過ぎる時、水面に黒い岩のようなものが盛り上がり、男たちが何か叫んでいるのが見えた。びっくりしてバックミラーを確認したが、さらに勢いを増した雨に煙って、何も分からなかった。

山を降りると雨はすっかり止んでいた。色々な人に沼のことや夕立魚のことを聞いてみたが、誰も知らなかった。魚に詳しい人は男性と同じ感想で「そんな魚はいないよ」と笑った。図鑑やネットも調べてみたが、それらしい魚は見つけられなかった。

魚でないとすれば、男性が見た黒いものは何だったのだろうか。

日本の最大の淡水魚は、サケ科のイトウである。体長は一メートルから一メートル五十センチにもなるが、一九三七年には北海道の十勝川《とかちがわ》で二メートル以上の個体が捕獲されている。

また、山形県の大鳥池《おおとりいけ》にはタキタロウという幻の巨大魚が伝わっている。その大きさは二メートルから三メートル、江戸時代の文献にも記録が残っており、一九一七年には水門工事のためにダイナマイトで爆破した際、二匹の大きな魚が浮かび上がってきたという。二匹は作業員によって持ち帰られ、あまりの大きさに食べきるまで四日間かかったそうだ。

世界の噂

あるはずのない場所

『ブレードランナー』の原作者として知られるフィリップ・K・ディックの短編に「地図にない町」という作品がある。ある駅の切符売り場へ、存在しない町の切符を買いに男がやってくる。不審に思った駅の助役が男に同行して電車で指定の場所まで行ってみると、そこには存在しないはずの町がある、という物語だ。味わい深いオチの名作だが、これに似た状況が実は現実世界でも起こっているのだ。

最も、その結末は小説より数段不可解だが。

オーストラリアとニュージーランドの中間に、小島があった。

その名前はサンディー島。一七九二年にフランス人のアントワーヌ・ダントルカストによって発見され、一八七六年に捕鯨船が「それらしき環礁を目撃した」と報告している、珊瑚礁に囲まれた美しい場所である。

ところが二〇一一年、オーストラリア人のある女性地質学者は、この島の存在に疑問を抱いた。サンディー島に関する資料を、今まで一度も目にした記憶がなかったからだ。

彼女は調査チームと連れ立ってサンディー島があるはずの座標海域まで向かい、そこで自分の疑問が正しかったことを知る。座標点にあったのは水深千四百メートルの海底のみ。浅瀬もないため、島が存在できる状況ではなかったのである。

これだけなら、「過去の人々が何かを島と間違えたのだろう」と結論付けて話は終わる。

しかし、ここで新たな疑問が発生してしまった。

ウェブの地球儀サービスであるグーグルアースに、島の衛星写真が記載されていたのである。グーグルアースだけではなかった。各国で愛用されているタイムズ社の世界地図帳にも、調査チームが使用した海洋調査船搭載の気象用地図にも、サンディー島はしっかりその姿を写していたのだ。

なにもないはずの海上に写っていたものは、いったい何だったのか。急激な気候変動で沈んだ島なのか。それとも、別の何かなのだろうか。

女性地質学者は、現在も調査を続けているという。

鳥ではなく街の話で、こんなものもある。

グーグルが提供する有名な地図サービスで調べると、ニューヨーク州のある郡にアグローという街が見つかる。ところが記された場所へ行ってみても、そこは荒野が広がるばかりの閑散とした場所で、街はおろか建物すら一件も見当たらないのだという。ミステリー小説の題材になりそうな話だが、実はこの奇妙な現象、れっきとした理由があった。アグローの載っている地図が、大手地図出版のゼネラル・ドラフティング社によって最初に作られたのは一九三〇年代。今よりも地図の作成に金銭と手間のかかる時代である。そのため、中には他で出版した地図をコピーする悪質な会社も少なくなかったのだという。

その予防策として、ゼネラル・ドラフティング社は役員や秘書のイニシャルを組み合わせ、世界のどこにも存在しない街をこっそり記載したのである。他社が作った地図に架空の街が載っていれば、不当にコピーしたものであると、すぐに分かってしまう。つまり、アグローは「罠」だったのだ。どうやらグーグルが参考にした地図こそ、そんな罠が仕掛けられたものであったようだ。

ところが、ここからが本当に奇妙な話になる。

地図が発売されて数年後、ランド・マクナリー社から出版された地図にアグローの名が掲載された。これこそ盗用の動かぬ証拠とばかりに、ゼネラル・ドラフティング社は訴えを起こす。ところがランド・マクナリー社は疑惑を否定、「社員が現地を訪れきちんと調査した」と反論したのである。

そんなバカなと思いつつ現地に赴いた、ゼネラル・ドラフティング社員は腰を抜かした。そこにはアグローの名が付いた雑貨店が建っていたのである。

説明した通り、アグローは社員のスペルをもじったものだ。つまり、天文学的な確率の偶然でもないかぎり、起こりえない事態なのである。

しかし、真相は全く別なところにあった。その店のオーナーは、出店前にたまたまゼネラル・ドラフティング社の地図を目にしており、地名をそのまま名前にしたのだという。だが、それもまたかなりの低い確率である。たまたまアグローが掲載されていた土地に店を建て、たまたまアグローが載った地図を選ぶ。そんな偶然が本当に起こるものだろうか。

二〇一四年、グーグルマップはアップデートに伴いアグローの街を消した。その名前を冠した店もすでに潰れ、「アグローがあったけれどもなかった場所」は現在、本当になにもなくなっているそうだ。

グーグルマップには、他にも実在しない街が掲載されている。イギリスのランカシャー州に載っているアーグルトンという街がそれだ。

興味深いことにアーグルトンは地図だけではなく、求人情報や天気まで閲覧できる状態になっていた。おまけに記載ミスを指摘されたグーグルは「アップデートで訂正する」と発表してから、実に五年以上もアーグルトンを放置したのである。

二〇〇九年になってようやくアーグルトンの街はグーグルマップから消えたが、すでに広く話題になっていたため、アーグルトンの存在は世界中に知られることとなった。

何故、それほどの長期間放置したのか。グーグルは「単純なミスによるもの」とコメントしたが、アーグルトンを調べている多くの人はその言葉を信じていない。

アーグルトンはアルファベット表記で「Ａｒｇｌｅｔｏｎ」となる。そして、冒頭のＡｒｇは現実にあるポスターや電話番号などから謎を解いていく「代替現実ゲーム」の頭文字と一緒なのである。架空の街を使って現実の人間を動かす……まさしく一緒ではないか。

また、そのスペルを並べ替えると、「Ｎｏｔｒｅａｌ・Ｇ」つまり「ここは実在しませんよ、グーグルより」というアナグラムになる。これも、隠されたメッセージとは考えられないだろうか。アーグルトンの名を残しておいたその裏に、壮大な思惑があったとしたら……。

私たちが面白がっている背後には、覗いてはいけない闇が広がっているのかもしれない。

犯罪の噂

きんのみ

こんな噂を、あなたは知っているだろうか。

莫大な借金を背負った多重債務者の間で、「きんのみ」という返済手段が横行しているのだという。

まず債務者は運び屋として香港や韓国など日本近隣の都市まで旅行に赴き、そこで金の延べ棒を受け取る。そして出国直前、その金をすべて飲み込み、帰国させるのだそうだ。なんでも税関で支払う税金を逃れれば金は非常に儲かるらしく、反社会組織などがこの方法で利益を上げている。

延べ棒にして数本程度であれば自力でも吐き出せるが、中には一刻も早い返済を狙って、膨大な数を飲み込む人間もおり、債権者の側も限界まで飲むよう強制するらしい。当然、自力で取り出すのは不可能になる。

ある人によれば、「そういった場合には、債務者ごと水酸化ナトリウムのプールに漬け込むのだ」という。

金は、濃塩酸と濃硝酸を足した王水という液体以外には溶けない。そのため、水酸化ナトリウムに漬けると人体だけがドロドロになり、骨と金は無事に回収できる。

ただ、その人によれば、よほど首が回らなくなった人間以外には行わないそうで、そのため、まだあまり知られていないのだそうだ。

金の密輸は実際に急増している。二〇一七年、財務省は一年間で発生した金密輸事件の件数が四百六十七件、前年の一・六倍と過去最悪の数字になったことを発表した。金を輸入する場合は税関に申告して消費税を納める必要があるが、密輸した場合は消費税分が丸々利益になるため、密輸する者が後を絶たないのだという。

その手口も年々巧妙さを増している。これまでは服の中に隠して密輸する方法が一般的だったが、最近はノートパソコンのバッテリー部分に隠したり、前述したように飲み込むケースも増えているという。

国外では二〇一七年、スリランカの空港で直腸におよそ一キロ分の金を隠し持っていた男が逮捕されている。男があまりに妙な歩き方をしているため、税関職員が疑ったのが逮捕のきっかけだったそうだ。

世界の噂

ショットガンジーンズ

ジーンズの世界は奥が深い。

二十世紀の終わり、アメリカでプレミアムジーンズと呼ばれる、市価の三倍から六倍の値段がついたジーンズが販売された。セレブやハリウッドスターたちがそれらを購入し、そこに目をつけた投資家が参入し、さらにブームは加熱。以降、デニムはプレミアの付く投資対象となり、レアなものが好まれる傾向が強くなっていく。中でも履きふるして穴が開いたり布がほつれたりしたヴィンテージのデニムは、ダメージドジーンズやクラッシュジーンズなどと称され、状態によっては目玉が飛び出る値段になる場合もあったそうだ。

広島県尾道市ではデニムを漁師や農家などの男性に一年ほど履いてもらい、自然に色落ちした中古品を販売。原価が約二万円のデニムに倍近い値が付くほどの人気となっている。

欧米でもダメージドジーンズはマニア受けする人気商品だという。自然な風合いにするため、マニアはヤスリや金属製ブラシ、さらにはバーナーなどを用いて加工を施すらしい。

中でも高値で取引されるのが、ショットガンジーンズ。その名のとおり銃で撃ち抜いたジーンズである。その大半は弾痕に似せて加工されたレプリカだが、実際に撃って弾痕で布地を破く場合もあり、これらはさらに希少価値が高い、超の付くプレミアとなっている。

さて、こんな噂をあなたは知っているだろうか。

その日本人男性も、ショットガンジーンズの美しさに魅せられた一人だった。わざわざアメリカまで希少な一本を買いに出かけるほどの熱中ぶりで、その界隈ではちょっとした有名人だった。

ある年、いつものようにアメリカのある州へとショットガンジーンズを買いに出かけた男性は、馴染みの店主から「今回は、滅多に出ないレアなデニムが入っているぞ」と耳打ちされる。どんな美品が登場するか期待に胸を躍らせていると、奥の倉庫から店主が持ってきたのは弾痕の周囲に薄赤色の染みがついた一本だった。

手にとって眺めてみると、赤い染みはべっとり裏地にまでこびりついており、肉か骨のような細かい破片が乾いているのも確認できた。驚く男性に店主は「これは人間が履いた状態で撃ったものだよ」と笑いながら教えてくれた。

通常、ショットガンジーンズはデニムを路上などに置いて、それを撃つことで作られる。リアルさを求めるあまり、射撃場で的の部分に吊るして撃ち抜くケースもあるそうだが、いずれも当然ながら人間が着用せずに作成される。しかし、マニアの中にはそれでは満足できない者も多い。そんな人間のため、人ごと撃たれたデニムが流通しているのだという。

「じゃあ、これは何かの事件に巻き込まれた人の遺品なのかい」男性がそのように聞くと、店主は即座に否定し、「トラブルで銃撃された人間のデニムもないわけではないが、多くは蜂の巣状に撃たれてほぼ使い物にならないのだ」と言った。

「これはジーンズのためにわざわざ撃たれたものなんだ。だからこれだけ綺麗なんだよ。着用するのは不法移民やドラッグ中毒の若者、借金でどうにも首が回らなくなった連中だ。お前が買えばあいつらの助けになる、だから気に病む必要はない。これはビジネスなんだ」店主はそう言うと、デニムの弾痕を大事そうに撫でた。

勢いに押され、男性はそのジーンズを購入した。だが帰国後、先物取引に失敗、借金のカタに売り払ってしまったのだという。だから、正真正銘本物のショットガンジーンズは、現在も日本のどこかで売られているかもしれないのである。

街の噂

鼠《ねずみ》と蜚蠊《ごきぶり》

こんな噂を、あなたは知っているだろうか。

戦後になってから、ネズミとゴキブリは増殖したと言われている。それまでの木と紙で出来た日本家屋が減り、彼らが生息しやすい環境が増えたのが原因だそうだ。しかしある人によれば、全く別なところにその原因があるらしい。

戦時中、日本軍では食糧難を解消するため、短期間で増える食用生物の研究が秘密裏におこなわれていたのだという。その時の研究対象が、多産で知られるネズミと繁殖能力の高いゴキブリだったというのだ。

しかし空襲の際に極秘の研究施設は破壊され、実験棟にいたゴキブリとネズミはすべてが逃げてしまった。その後どうなったかは、ご存知の通り。つまり、戦争がなければ我々がネズミとゴキブリに絶叫する生活はなかったというのである。

この噂の真偽はともかく、戦後しばらくは、害虫と言えばチフスを媒介させるシラミや日本脳炎《のうえん》の原因となる蚊が主な駆除対象だったのは事実である。現在のようにゴキブリがもっとも忌み嫌われるようになったのは、一九六〇年代に入ってからのことになる。

現在ではゴキブリを駆除する商品も多様化しているが、実はそれに伴いゴキブリ自身も進化を遂げている。近年では、駆除剤の成分である有機リンやピレスロイドに耐えられるチャバネゴキブリが登場している。

その強靭さからか、ゴキブリにまつわる噂は多い。よく知られているのは、ゴキブリは核戦争でも死なないほどの生命力を持つ、というものである。事実、人間と比較した際は放射線に対する耐久力はゴキブリの方が高い。しかし昆虫全体で見てみると、ゾウムシやショウジョウバエなどの方が耐久力に優れているというから、ゴキブリのみが生き残るわけではないようだ。

他に有名なものでは、「あるテレビ番組の奇人変人を紹介するコーナーに参加した男性がゴキブリを生きたまま食べ、その後に胃で孵化《ふか》したゴキブリに内臓を食い破られて死亡した」という噂が広まった。のちに本人の生存が判明し、噂は収束している。

しかし、二〇一二年にフロリダ州で行われた「ゴキブリ大食い大会」では、ゴキブリを三十匹あまり食べた優勝者の男性が実際に死亡する事故が起きている。ただ、この男性はゴキブリを食す直前にミミズ三十匹とヤスデ百匹を食べており、直接の死因がゴキブリかどうかは不明のままである。

ネズミは古来から日本に数多く生息していた。もっとも、近代以前に反映していたのは稲を食べるノネズミで、戦後に増えたのはドブネズミやクマネズミである。ネズミにまつわる噂では、「母親が浮気相手とのデートから帰ると、ベビーベッドに寝ていた赤ん坊がネズミに食い殺されていた」という話が古くからある。育児放棄を咎めるための噂なのだろうが、実はこの話、あながち単なる噂というわけでもないのだ。

インドでは二〇一五年、総合病院の新生児外科病棟で保育器に入っていた生後間もない男児が、ネズミに両足や目を食いちぎられて死んでおり、アメリカのルイジアナ州では、生後三ヶ月の赤ん坊がネズミに数百ヶ所をかじられて出血多量で亡くなる事件が起こった。

南アフリカでも二〇一七年、母親が自宅を留守にしたすきに生後三ヶ月の女の赤ん坊がネズミに食い殺される事件が発生している。赤ん坊は舌や眼球、指などを食いちぎられた悲惨な状態で、母親は噂の戒め通り育児放棄の罪で逮捕されたという。

街の噂

散らばる米粒

こんな噂を、あなたは知っているだろうか。

ある男性が、中東での半年に及ぶ勤務を終えて日本に帰国した。帰国を祝って家族で食事に向かった先は、チェーン店の回転寿司。赴任していた国では魚と米が全く食べられなかったので、とにかくその二つが食べたかったのだそうだ。

しばらくは久しぶりの日本の味に喜んでいたが、そのうち彼はおかしなことに気が付いた。回転レールから取った皿のあちこちに米粒が散らばり、やけに汚いのである。銀座の名店でもあるまいし、あまり贅沢は言えないが、それにしたって客に出すものとしては些《いささ》か配慮に欠ける。彼はひどく不快な気持ちになった。

ところが、家族にそう言うとキョトンとした顔をしている。ためしに覗いてみると妻や子供の皿はいたって綺麗で、米粒一つ残っていない。

どうして自分の取った皿だけ、こんなに米が散らばっているんだろう。不思議に思ってもう一度皿をまじまじと見ていると、急な目の痒みとともに、皿へ米粒がポトンと落ちた。

それは米ではなく、小さな小さな蛆虫だった。驚いて皿を落としたと同時に妻が叫んだ。

「お父さんの目から、虫が出てる！」

寿司屋を飛び出して救急病院へ駆け込むと、彼はすぐに緊急手術を受けることとなった。結果、彼の眼球からは三十匹以上の蛆虫《うじむし》が摘出された。医師によれば、赴任していた国でハエに卵を産み付けられたのではないかとの話だった。

命に別状はなかったものの、彼は片目の視力が極端に下がってしまったという。

この噂を裏付けるような報告が、実際にある。

外務省海外安全ホームページによれば二〇〇四年、モンゴルで日本人がハエから眼球にウジを産み付けられる事例が発生した。このハエは主に家畜に寄生するが、時おり人間にも寄生し、眼球や耳孔《じこう》に一度で百五十匹ほどの蛆虫を噴射するのだという。治療法としては蛆虫を摘出する以外になく、治療しなかった場合は失明に至ることもあるそうだ。

これらは蝿蛆《ようそ》症と呼ばれる症状で、幼虫が傷口や皮膚潰瘍《かいよう》部に寄生するケースのほか、耳道に寄生するケースや、誤飲した幼虫が体外へ出ようと噛み付いて消化器を傷つけるケースもある。珍しいものではヒツジの鼻腔《びこう》に寄生し、血を吸いながら育つヒツジバエが人間に産卵するケースもある。

また、国内でも一九九六年、気管支の病気で入院していた八十六歳の女性の鼻や口から、体長一センチほどの蛆虫が二十匹以上出てきた事例がある。これはヒロズキンバエというハエが女性の鼻腔に産卵したためだという。

街の噂

本当でしょ

その男性は、昭和の終わりごろまで公営団地に住んでいた。

向かいの部屋には母子家庭の女性と少年が暮らしていた。母親とは廊下や階段で会えば立ち話をする程度には親しく、少年は二度ばかりキャッチボールの相手をしてあげたことがあった。快活で人懐こい少年だったという。

ある時、向かいの部屋に真っ黒いスーツ姿のいかめしい男達が出入りするようになった。彼らはいつも夕暮れにやってきて深夜にドタドタと帰っていく。男性と階段で遭遇しても挨拶ひとつしない、実に横柄な態度の連中だった。

あれはどう考えても堅気ではない。男性はそう確信する。

母親はいい大人であるから、どんな人間と交流しようが文句は言えない。しかし少年にとっては悪影響にしかならない。そもそも子供が帰宅する時間にわざわざ訪ねてくるとは、あまりに配慮が足りないではないか。

ここはひとつ、母親をやんわりと諭すべきだ。そのように考えた男性は、子供が不在の時間を狙って向かいの部屋のチャイムを鳴らし、母親に先ほどの懸念をありのまま伝えた。

するど、母親は大笑いしながら「あの人たちはヤクザ者じゃありませんよ、警察の偉い方なんですって」と、妙に得意げな口調で言った。

「うちの倅《せがれ》ったら、ちょっと変わった特技がありましてね。あの方達はそれを聞きつけて、捜査に協力してほしいと我が家へいらしたんです」

母親によれば、少年は見た事もない人間の顔を、スラスラとスケッチできるのだという。警察関係者を名乗る男達は、ある未解決事件の手がかりを得るため、少年の元を訪問しているとの話だった。白バイの警察官に扮した犯人によって大金が奪われた、日本では誰も知らぬ者のいない事件だった。

すべてを聞いても、男性は半信半疑だった。折しも巷《ちまた》ではスプーン曲げや透視が流行っていたが、彼はこれぽっちも信じていなかった。だから母親の話も、少年が周囲の気を引くためについた嘘なのだろうと思った。

次の日曜、男性は公園のブランコを一人ぼっちで漕ぐ少年を見つけ、そばに近づいた。

母親から聞いた話はしないつもりだったが、流れで「本当かい」と聞いてしまった。

「本当だよ」少年は静かに言った。きっとその時、自分は微妙な表情をしていたのだろうと男性は言う。疑われていると思ったのか、少年は「本当だってば！」と声を荒げると、地面に置いていたスケッチブックを手に取って、乱暴に鉛筆で何かを描き始めた。

「出来たよ」

少年が破った紙を男性に差し出す。紙には、ひたいの真ん中に大きなホクロのある女が描かれていた。二年前に死んだ、男性の母親にそっくりだった。

あまりのことに驚いて「偶然でしょ」と言った。自分に言ったつもりだった。

「嘘じゃないよ！　顔だけじゃないんだから、なんでも見えるんだから！」

少年はそう言い残し、駆けていってしまった。

二週間後、少年と母親の部屋は突然空っぽになっていた。その晩、黒いスーツの男達が男性の部屋を訪れ、「あの人らは引っ越したんで、探さないでやってください」と告げた。

「あんたがた、本当に警察なんですか」男性が聞くと、男達は「警察か」「警察だってよ」と顔を見合わせて笑うばかりで、何も答えはしなかった。

数年経って、男性は母親らしき女性を駅前で見かけた。しかし、黒ずんだ眼帯を両目にかけた異様な姿にギョッとしているうち、女性はどこかへ足早に去ってしまった。

少年からは今でも毎年年賀状が届く。どこへ引っ越しても届く。一昨年の正月、男性は息子夫婦の新居に招かれていたが、少年の年賀状はそこに届いた。

年賀状にはいつも「本当でしょ」とだけ書かれている。

さて、こんな噂を、あなたは知っているだろうか。

この話を見聞きした直後に「嘘だろ」と言うと、翌年の正月「本当でしょ」と書かれた差出人不明の年賀状が届くのだという。興味がある方は、試してみてはどうだろうか。

街の噂

いつの時代も人は集める

四十代以上の方なら、昭和の終わりにプルタブ運動が流行《はや》ったのを覚えているかと思う。缶ジュースのタブ（蓋部分）は、その昔は独立して外すことが出来た。そのタブを集めると車椅子に交換できるという、まことしやかな噂が流れたのだ。タブの原料であるアルミがリサイクル可能なので、交換できるのだという説明だった。

しかし、実際にはそのような事実はなく、どの団体もどの業者も、そのような運動など行ってはいなかった。冷静に考えれば当然の話である。プルタブも缶本体もおなじ原材料なのだから、小さなタブを集めるよりは缶を集めた方が効率的に決まっている。

ところが、この噂を信じてプルタブを回収する学校が続出。結果、子供たちを哀れんだ業者が実際に交換できるように計らったため、この噂は真実となってしまった。どうやら、ある人気フォークシンガーがラジオ番組でこの運動をキャンペーンし、業者がそれに協力したことで現実のものとなったようだ。まさに瓢箪《ひょうたん》から駒、嘘から出たまことである。

その後、プルタブは缶から切り離されないステイオンタブという現在の方式に変わり、騒動も収束したかに見えた（現在でも運動を行なっている社団法人は存在するが）。

さて、こんな噂をあなたは知っているだろうか。

関東の小学生の間で、「使い切ったギフトカード（それはアマゾンである場合もあれば、有名なゲーム会社のギフトカードだとされるケースもある）を集めると、車椅子に交換をしてもらえる」という噂が出回っているらしい。

ギフトカードとは、コンビニなどで販売されているプラスチック製の小さなカードである。登録されたポイント分買い物ができる、いわば前払い方式のプリペイドカードで、紙製の商品券と異なり回収業務が不要なことからアメリカを中心に広まった。現在では百貨店やレストランなどでも、個別のカードを販売している。

カードには繰り返し使えるチャージ式と使い切り式が存在するが、子供たちはポイントを終えた使い切り式のカードを集めているのだという。

ある小学生は「リサイクルして本の材料になるのだ」と説明をしてくれた。また、ある児童は「車椅子が足の不自由な子供へ贈られる。ゲーム会社の福祉活動らしい」と教えてくれた。

彼らは、「実際に回収している学校がある」と口を揃えて言ったが、私が調べたかぎりはそのような学校の存在は確認できなかった。話してくれた彼ら自身の学校でも、該当する運動は行われていなかった。さらに噂を辿ると、「書き込みに失敗したCD-Rを集めると車椅子になる」というバージョンも流布していたことが分かっている。

いずれも単なる噂である可能性が高いが、もしかしたらプルタブの時のように、やがて真実になるのだろうか。

犯罪の噂

罠

こんな噂を、あなたは知っているだろうか。

ある女性が休日の午後に家電量販店へ出かけた。店内に設置されたマッサージチェアを体験し、終わってから周囲を見るといつの間にか持参したはずのバッグがなくなっている。

店員にバッグが消えた旨を伝えたが、盗まれたのか店内のどこかで紛失したのか本人も記憶がはっきりしない。幸い運転免許証や携帯電話は車に置いてあり、財布もジーンズに突っ込んでいたので、「明日になっても見つからない場合は警察に届けよう」と話がまとまり、その日は帰宅した。

翌日の早朝、女性の電話が鳴った。出てみると電話の主は量販店の店長を名乗る男で、女子トイレでバッグが見つかったと告げ、バッグの外観は紛失したというものに似ているが、プライバシー上の理由から中身は確かめられない。ついては今日のうちに店へ確認に来てほしいと伝えた。まもなく出社の時刻であったため、女性は「退社した後に伺います」と電話を切った。

ところが夕方に店へ行ってみたところ、どうにも話が合わない。調べた結果、店の誰も彼女に電話をしていない事実が分かった。慌てて自宅マンションに帰ってみると玄関の鍵が壊され、室内はめちゃくちゃに荒らされていた。宝石やブランド物のバッグ、カード類が根こそぎ盗まれていた。壁には「ゴチソウサマ」と赤いスプレーで落書きがされていた。

警察に駆け込んだが早朝にかかってきた電話番号はすでに使われておらず、指紋や靴跡などの手がかりも何ひとつ残されてはいなかった。

この話を私に話してくれた人物は、警察官の知人から「先月起こった事件です」という題名のメールで受け取ったという。

未解決の謎

幽霊船は今日もさまよう

二〇一五年、およそ一世紀前に遭難した船が発見されたという、衝撃的な「幽霊船のニュース」を、アメリカのネットサイトが報じた。

船の名前はコトパクシ号。アメリカのチャールストンからキューバへと向かい、その後、バミューダトライアングル付近で遭難した船だった。記事には朽ち果てた船体の写真が添えられ、キューバの専門家がコメントを寄せている。

ところがこの記事は巧妙に捏造《ねつぞう》された、いわゆるフェイクニュースだった。船の写真は『未知との遭遇』の場面を加工したもので、専門家の写真も別な記事からの盗用。つまり世界を興奮させた記事は、幽霊船よりも実体のない幻だったのである。

このようなデマが広がることでも分かるように、幽霊船は好奇心に満ちた、噂の宝庫だ。霧を割《さ》いて迫り来るボロボロの船体、風にはためく破れた帆。海にまつわる謎の中でも、最も魅力的なものと言っても過言ではないだろう。

冒頭のニュースはまるきりデタラメだったが、世界には本物の幽霊船も数多く存在する。彼らは今も人々の話題にのぼり、滅ぶことなく噂の海をさまよっているのだ。

一九五五年、南太平洋サモア諸島の洋上で、漂流する一隻の船が発見された。この船は一ヶ月ほど前にサモア諸島を出港し、四百キロ離れた島に向かう途中で忽然と姿を消した、ジョイタ号という船であった。

発見されたジョイタ号は、船体こそ傾いていたものの航海できる状態に見えた。しかし船内を確かめた人々は、それが誤りであったと気付く。船長ほか乗組員と乗客、合わせて二十五人の姿はどこにもなかったのだ。

不思議なことに乗客の荷物はほとんどがそのままで、食料もほぼ手付かず、おまけに無線送信機も残っていた。まるで直前まで日常の暮らしが営まれていたような状態。もし船にトラブルがあって脱出したなら、荷物はもちろん無線送信機は持ち出すはずである。

いったい何が起こったのかと一同は首をひねったが、結局手がかりは見つからぬまま、事件は迷宮入りとなった。

それから四年後の一九五九年、ニュージーランドの海岸に小さなガラス瓶が漂着する。瓶の中には紙切れが入っており、調べてみると、それはジョイタ号の乗組員が書き残したメモであると判明した。

「奇妙な物体が我々を連れ去ろうとしている」

メモにはその一行だけが書かれていた。真相は今も分からないままだ。

一九三一年、毛皮貿易船ベイチモ号は晩秋のカナダ沖合で棚氷に取り残されてしまった。砕氷能力を持たない船であったため、自力の脱出は難しい。乗組員の多くは飛行機で脱出、十五名だけが船から離れた陸地に小屋を建て、春に氷がゆるむのを待つことになった。しかしおよそ一ヶ月半が過ぎたある夜、一帯は激しい嵐に襲われ、その直後にベイチモ号の姿は消えてしまったのである。

しかし、これだけならば「座礁した船が嵐で沈没した」という、それだけの話である。ところがベイチモ号は沈没してはいなかった。数日後、およそ七十キロ離れた地点を漂着するベイチモ号が発見されたのである。

船体の損傷は激しく、乗組員達は時を待たずに沈没するだろうと判断し、そのまま船は放棄されてしまう。ところが、まるで生命が宿っているかのように、ベイチモ号はまたも沈まず、二年後の一九三三年には洋上を漂流し始めた。翌年にはアラスカ沖で数度にわたってその姿が目撃されて話題となり、一九三九年には回収チームがベイチモ号への接触に成功したが、流氷に阻まれて回収は断念された。

やがて、時は過ぎ第二次大戦が終結、相変わらずベイチモ号の目撃情報は届いていた。一九六九年、放棄された時と同様、流氷に閉じこめられた船体が目撃されたのを最後に、ベイチモ号は完全に姿を消した。沈没した可能性が高いと言われているが、現在までその船体は発見されておらず、半世紀に渡り洋上をさまよえた理由も不明のままである。


一九七四年、マラッカ海峡を航行中のオーラング・メダン号から救援信号が発信された。「乗組員全員が死んでしまった。ブリッジには死体が転がっている。私も、死ぬ」

救助信号を受信したアメリカ船籍のシルバースター号が急行すると、信号のメッセージ通り、船のあちこちに死体が横たわっていた。病気か、殺人か、それとも別な理由なのか。原因を探ろうとシルバースター号の船員が調査を開始した直後、無人のはずの貨物室から原因不明の火災が発生し、数分後には爆発。オーラング・メダン号はそのまま沈没した。そのためオーラング・メダン号に何が起こったかは、今でもすべてが謎に包まれている。

二〇〇六年、オーストラリア水域で、ジャンセン号と記された一艘の船が無人の状態で発見された。船は綱を巻き上げる機械やエンジンの一部こそ損傷していた以外には大きな故障も見当たらず、海賊などに襲われたような形跡も見つからなかった。

ところが、その後調べていくうちに驚愕の事実が判明する。ジャンセン号は識別番号を持っていない、一度も正式な登録がされていない船だったのである。おまけに、この船は世界のどの国からも捜索願が出されていなかった。いわば、正真正銘の幽霊船だったのだ。

結局、どこの国の船かは未だに判明していない。

二〇一六年、フィリピンで風雨に曝されたままのヨットが発見される。船内には、机に突っ伏したままミイラ化した男の死体があった。調べたところ、ミイラの正体は二〇〇九年から行方不明のドイツ人男性で、さらなる調査の結果、彼の死因が心臓発作による突然死だということも分かった。急死した男性を乗せたヨットが海を漂うち、様々な偶然が重なりミイラ化したのだと推測された。

ところが、さらに船内を調べてみると、男性のものと思われる妙なメモが発見された。

「三十年の間、私達は一緒に人生を歩んできた。だが、悪魔は生きようとする希望よりも強かった。もう君はいない。君の魂が、平安とともにあらんことを」

男性は航海の一年前に妻を亡くしており、当初はその妻に宛てた遺書だと考えられた。しかし、皆はそこで矛盾に気が付いた。男性は急死したのである。

何故、突然亡くなったはずの人間が、自らの死を知っていたような言葉を書けるのか？

そして、ここに書かれている悪魔とは、いったい何を指したものなのか？

謎は、現在も解明されていないという。

世界の噂

ブルガリアン・ナンバー

都市伝説には、電話番号に関連したものが多い。昭和の後半には、女児向け玩具であるリカちゃん人形が会話してくれる「リカちゃん電話」を下敷きにした噂が子供たちの間に広まり、近年はホラー映画『リング』に登場する貞子《さだこ》の電話番号があると騒ぎになった。そこまで有名なものでなくとも、奇妙な音声に繋がると噂された電話番号は数多くある。その九割九分はデタラメだったが、中には以下のように、事実に基づいた番号も存在する。

こんな噂を、あなたは知っているだろうか。

ブルガリアの電話会社が発行していた、0888-8888-8888なる電話番号。おなじ数字が続くシンプルなものだが、この番号は現在、封印されてしまったのである。

この電話番号の最初の所有者は、番号を発行した携帯電話会社のCEOであるウラジミール・グラシノフという人物だった。彼は二〇〇一年、ガンのために四十八歳の若さで亡くなったのだが、彼の死因には放射能中毒が疑われており、ビジネス上のライバルに殺されたのではないかという噂がつきまとっていた。

やがて、この電話番号は次の持ち主へと引き継がれる。新たな所有者となったウラジミール・ディミトロフという男性。最初の所有者であるウラジミールとは打って変わって、この男はいつ殺されてもおかしくない人物、ブルガリアンマフィアのボスだった。やがて二〇〇三年、ディミトロフは自身が運営する麻薬密輸組織を視察するためにオランダを訪れ、モデルと食事を楽しんでいたところを襲われ、銃殺されてしまった。彼もまた三十一歳という若さだった。犯行にはロシアンマフィアが絡んでいると言われているが、真相は闇の中である。

三番目の持ち主は、不動産業者のコンスタンティン・ディシリエフという男だった。表向きはごく平凡なビジネスマンと思われたが、彼は大規模なコカイン組織を秘密裏に運営しており、コロンビアから輸送した百七十億円相当のコカインを警察に差し押さえられた経験もある、れっきとした裏の世界の住人だった。そんな彼も二〇〇五年、ブルガリアの首都にあるインド料理店を出たところを銃撃され、死亡してしまった。ディシリエフの死後、携帯電話は警察が麻薬密輸組織の捜査に使われていたが、やがてその役目を終えると、いつの間にか使用できなくなっていたという。

あまりにも死者が続いたために永久欠番になったのだろうと噂されたが、当の携帯電話会社の広報担当はノーコメントを貫いている。

日本では、八という数字は末広がりで縁起が良いとされる。これはお隣の中国も同様で、二〇〇三年には８８８８-８８８８という電話番号が三千万円で取引されたそうだ。ところが国によっては、八を縁起の悪い数字だとするところもある。これは、悪魔の化身とされるタコの足の数になぞらえて不吉だと考えるらしい。ブルガリアの場合はどうやら後者だったようだ。文字通り「数奇な運命」をたどらぬよう、皆さんもご注意いただきたい。

電話にちなんだ謎を記したが、他の国ではこんな噂話もある。
二つばかり紹介しよう。

街の噂

ケータイ、メール、アプリ

中国の新聞『新京報』二〇一三年の記事によると、実在しない番号から真夜中に電話がかかってくる事件が、北京で相次いだという。

謎の電話は多い時は一晩に数度かかってくるそうで、ある人は一夜に五回も謎の電話で起こされている。その人物によれば、受話機の向こうでは女性のものと思われる泣き声が聞こえ、それに続いて子供の「助けて下さい」と言う声がするのだという。やがて通話は切れるのだが、「その直前に恐ろしいほどの悲鳴が響いた」と、その人は証言している。

この情報を受けて『新京報』の記者が発信元を調査したところ、番号はいずれの携帯電話会社にも登録されていないものだった。なお、現段階で同様の通報が二百件あまり警察に届いている、と記事は終わっている。

携帯電話に関する情報を伝えるセルラーニュースというサイトによれば、二〇〇七年にパキスタンで、「携帯電話を通じて致死性ウィルスに感染する」という噂が広まった。ある番号の電話を受けると、通話するなり口や鼻や目から血が流れ出して死ぬというのである。携帯電話各社はまるで根拠のない噂だと共同で声明を出し、騒動の沈静化に努めている。ワリド・テレコム社の広報担当は「サービスセンターに加入者からの問い合わせが相次いでいる」と答えた。この話は国境を越えて、現在はアフガニスタンまで広がった。政府当局はこの噂の発信源だとして、テロ組織のタリバンを非難している。タリバンが開発していた携帯電話型の殺人兵器の情報が漏れ、噂の元となったというのである。

最後の一行が妙な現実味を帯びていて、なんとも恐ろしい。

テクノロジー機器が急速に発達すると、原理や仕組みが分からないまま使用している人々の間に不安が湧き、奇妙な噂が誕生するのは、国や時代を問わないようだ。

このような話も、国内では二〇〇〇年代初頭あたりを最後にあまり聞かれなくなった。それだけ携帯電話が日常的な存在になった証拠なのだろうが、代わって登場してきたのが、メールにちなんだ噂である。

二〇〇一年前後、このような内容のメールが十代の少年少女の間で広まった。

《×月×日、××県××市××区×××で橘あゆみという十九才の女性が何者かに襲われ暴行された後、顔がグチャグチャになるぐらい殴られ、下腹部をめった刺しにされて殺害されました。それは私の親友です。彼女は妊娠三ヶ月でした。遺体からはそれぞれ違う精液が見つかったということです。おそらく何人かの男が面白半分に乱暴し、子供を宿した彼女の下腹部をめった刺しにしたのだということでした。

私は彼女と彼女の子供、二人を殺した犯人をそれ以上に痛めつけて殺すと決めました。犯人と思われる人間をリストにしましたが、それだけでは見つけられないので、メールで検索して、怪しい人間はみんな殺す計画を立てました。

このメールを見たら二十四時間以内に九人に回して下さい。パソコン、携帯、ピッチ、それぞれの位置情報からメールを止めた人間の居場所を突き止め、怪しいと判断した場合、殺します。

メールを二十四時間以内に送れば、プログラムセンターが連絡のメールまたは非通知のワンコールで容疑者からの解除を知らせます。もし送らなかった場合は、タイムアップの一時間前に二回コールします。たとえあなたが女性だとしても、同様の処置を取ります。現在の容疑者は二八五人、そのうち犠牲になった標的は十三人です》

通称「橘あゆみ」と呼ばれるこのメールは、かつて流行した不幸の手紙とおなじ性質の、いわゆるチェーンメールである。バリエーションは様々なものがあり、ボーイフレンドが送り主のケースや、被害者の証拠写真と称して女性の生首の画像が添付されているケース、誰かに回さなければチェーンメール送付でかかったパケット料金が全額請求されるというある意味殺害より恐ろしいケースもあったという。

ちなみに、当然ながら該当する事件は起きておらず（橘あゆみという名前はゲームの登場人物だという）、不特定多数の受信者を追跡できるシステムも存在しない。だがこの噂は現在でも生きており、少年少女の間ではチャットアプリのＬＩＮＥを通じ、蔓延しているのだそうだ。延々と殺され続け、決して浮かばれることのない「橘あゆみ」の心を想像すると、にわかに背筋が寒くなるのは私だけではあるまい。

さて、先に説明したように噂の主役は携帯電話からメール、そして現在はＬＩＮＥ

へと移行している。例えば、この噂のように。

高校生が深夜、一人の同級生へとLINEメッセージを送った。その同級生は数日前に交通事故で亡くなっており、その寂しさを紛らわせるため、高校生は本人がもう読むことの叶わないメッセージを送っていたのである。

何通か送っているうちに時刻は過ぎ、やがて午前二時を過ぎた頃、開きっぱなしだったLINEの画面に変化が現れた。送信したメッセージに次々と［既読］の印がついたのである。驚いてスマホを落とした直後、今度は着信を告げる音が続けざまに鳴った。画面が床側を向いているために、内容や送信者は分からない。恐る恐るスマホへ手を伸ばす間もメッセージの着信音は延々と鳴り続けている。スマホに触れた瞬間、今度は電話の着信を知らせる音が一瞬だけ響いて、スマホの電源が落ちた。

再起動してみるとLINEには九十九件の未読メッセージが残っていた。けれども彼はそれを読むのが怖くて、アプリをそのまま削除してしまった。

後になって高校生は、LINEには死んだ人間と通信ができる［裏設定］があるのだと別の同級生から聞いたそうだ。

この噂にも、裏設定が完了したＬＩＮＥは起動画面が通常の緑ではなく真っ赤になる、裏設定ができるのはＬＩＮＥではなくマイナーなチャットアプリであるなど、いくつかのバリエーションが存在する。説明するまでもなく、ＬＩＮＥにそのような機能はない。

ＬＩＮＥは日本と韓国を中心に広く知られているが、海外では同様の機能を持つアプリ、ワッツアップが人気で、ユーザー数は全世界で十億人を超えるのだという。

では、こんな噂をあなたは知っているだろうか。

アメリカに住む青年が、ワッツアップの友人リストに「ＴａＤ」という見知らぬ名前を発見した。いったい誰だろうとメッセージを送ってみると、しばらくして「信じられない」「これは奇跡」などと支離滅裂な返事が立て続けに届いたが、翌日には名前がリストから消えてしまった。調べてみると友人の数名もおなじように登録した覚えのない「ＴａＤ」からメッセージを貰っていたことが判明。悪質なイタズラかと思っていたが、それからしばらくして調査機関を名乗る人物が家にやってきて、「国家の科学技術発展に関わるきわめて重要な資料」という名目で、彼のスマホを一万ドルで買い取っていったそうである。

ちなみにT・A・Dのイニシャルを有する人間で最も有名なのは、かの発明王トーマス・アルバ・エジソンである。白熱電球や電話を発明したことで知られるエジソンは、その晩年、死者と交信する「スピリット・フォン」という電話機の発明を試みており、協力者である技師のウィリアムと「死んだらあの世からメッセージを発信する」と約束を交わしていたことが判明している。

犯罪の噂

旅の土産

こんな噂を、あなたは知っているだろうか。

ある人がタイ旅行に行った。

観光地はどこも楽しく、予約したホテルもすこぶる快適だった。あっという間に日程は最終日を迎え、帰り支度をすることとなった。

忘れ物がないか部屋を見回していると、ベッドの下に小さな塊《かたまり》を見つけた。拾い上げてみたところ、落ちていたのは仏像をかたどったアクセサリーのような装飾品である。そう言えば、同じ品をバザールで見かけた覚えがあった。これは仏様が自分にくれたお土産と思い、アクセサリーを持ち帰ることにした。

空港で搭乗を待っていた最中、その人はふと思い立って、先ほどのアクセサリーを撮影、SNSにアップした。すると、すぐにタイ在住の人間と思われるアカウントからメッセージが届いた。何と書いてあるのか読めなかったが、「!」がやけに多いメッセージだった。

飛行機に乗って日本へ降り立ち再度確認してみると、メッセージは三桁に増えていた。一人ではなかった。何十人もの人間がアクセサリーに興味を持っていると知り、ちょっと恐ろしくなった。


それから一年が過ぎて、生活は一変した。

空き巣が十一件、何者かに襲われかけたのが四件、飼い猫が薬殺されたり、深夜に轢かれそうになったこともあった。メッセージは今も届くが、怖いので翻訳はしていない。

原因はあのアクセサリーだろうとその人は考えている。不用意に持ち帰ったことを、今は後悔している。


タイには、プラルクアンという小さな仏像の形をした護符がある。金属や粘土を焼いたものもあれば、貝の粉に薬草を混ぜて作ったものなど様々な材料のプラルクアンがあり、高僧の頭髪を混ぜて固めたものも存在する。主として寺院で発行されることが多く、僧侶が祈祷を奉げつつ制作するため厄除けの効果があると信じられている。

専門雑誌が数十誌も発行されるほどタイの人々には身近な存在である。

同時にプラルクアンには希少価値の高いものも多く、高僧の手で作られたものは非常に高い値が付く場合も多い。宝石などと同じく世界中にマニアがおり、コレクションや投機対象にもなっている。プラルクアンを巡るトラブルも多く、中には殺人に発展することも珍しくない。

未解決の謎

シケイダ

インターネットが普及したおかげで、私たちは世界のあらゆる事象や事件をリアルタイムで知ることが出来るようになった。海外の事件も些細な疑問も検索すれば答えを得られる。もはや、この世に解けない謎などないようにさえ思えてしまう。だが、本当にそうなのだろうか。

こんな奇妙な出来事を、あなたは知っているだろうか。

二〇一二年一月、アメリカのインターネット掲示板に差出人不明な英語のメッセージが投稿された。

≪ハロー、我々は賢者を探している。該当する人物を発見するため、我々は一つのテストを考え出した。この画像に隠されているメッセージを見つけて欲しい。それが我々を接触する手がかりとなるはずだ。我々は謎を解明できる選ばれた人間と会えるのを楽しみにしている。あなたに幸運あれ。３３０１》

この挑発的な文言と一緒にアップロードされていたのは、不気味な蟬《せみ》の画像だった。やがて、不可解なメッセージは、英語で蟬を意味する［シケイダ］という単語と末尾の数字を合わせて［シケイダ３３０１］と呼ばれ始め、世界中のネットユーザーが謎解きを試みるようになっていた。

スウェーデンに住むコンピューター・アナリストのエリクソンも、その一人だった。暗号解読に絶対の自信を持っていた彼は、蟬の画像に妙なテキストデータが隠されていることを発見。間も無くデータ内に古代ローマ皇帝シーザーをあらわす文字列を見つけたエリクソンは、これは各文字を一定の法則でスライドさせる「シーザー暗号」の意味ではないかと考えた。試しに一見無意味に見える文字列をスライドさせてみると、あるホームページのＵＲＬが浮かび上がったのだ。

早々にゴールしたかに見えたエリクソンだったが、ホームページにあったのはアヒルの画像と《おやおや、引っかかったね。どうやら君には暗号の解読は無理のようだ》と英語で記された一文だけだった。［シケイダ３３０１］の製作者は、この難解な仕組みを発見する人間がいることを見越して、ダミーを作成していたのである。

普通であれば諦めるところだが、エリクソンはしぶとかった。このページにもヒントが隠されているのではないかと考え、試しにアヒルの画像を解析してみたのである。すると、今度はある掲示板へ誘導する文章が見つかった。さらに調べると、投稿されている文章の中には、マヤ文明の数字が巧妙に暗号化された状態で隠れていたのだ。

エリクソンはこの数字列を駆使して支離滅裂な英文を解読。すると、今度はブリトン王アーサーにまつわる詩「アグリッパ」が浮上してきた。この詩とカモの画像に隠れているブックコードを組み合わせてみたところ、現れたのは奇妙な電話番号。かけてみると、受話器の向こうからは正体不明の声が流れてきた。

《よくぞここまで辿り着いた。では最初の画像に含まれる素数三つを掛け合わせた場所で待っている。素数の一つは３３０１だ。幸運を》

残り二つの素数が判明すれば謎が解ける。そう考えたエリクソンはさらに調査を進める。その過程で、彼は自分以外にも世界中のあらゆるユーザーが［シケイダ

「3301」の謎に挑戦している事実を知った。驚くべきことに、彼らはエリクソンとは全く異なる方法で電話番号まで辿り着いていた。ある者は本を、ある者は音楽をヒントに。つまり、この壮大な謎の製作者は世界のあらゆるものに手掛かりを隠していたのだ。

彼らと協力しながら、エリクソンは残り二つの素数を探った。その結果、最初にアップロードされた画像のサイズが縦509ピクセル、横503ピクセルと、どちらも素数であること、三つの素数を掛け合わせると845145127という数字になることを突き止めた。この数をネットに打ち込んでみると、巨大な時計と蝉の画像が表示されているサイトが出現。[シケイダ3301」が関係するサイトであるのは明らかだった。

ページ上の時計はカウントダウンを刻んでいた。ユーザーたちが見守る中、一月九日に数字がゼロになったと同時に、十四個のGPS座標が表示されたのである。

座標はアリゾナ、シアトル、カリフォルニア、ニューオーリンズなどアメリカの都市を始めパリやソウル、ワルシャワなど世界各国に散らばっていた。さっそく解読班が座標の地点を捜索すると、蝉の画像とQRコードが印刷されたポスターが貼り付けられていた。
人々はＱＲコードを読み取り、そして、新たなメッセージを取得する。
《君たちはあまりにも多くの情報を漏洩させてしまった。我々が求めているのはベストな人間であって、その後ろを追いかける人間ではない。最後まで辿り着いた数名しか報酬は得られない。幸運を》
どうやら［シケイダ３３０１］の製作者は、協力して暗号解読をおこなった人々に失望しているようだった。事実、それから数ヶ月に渡って、［シケイダ３３０１］は沈黙する。急展開を見せたのは、最後のメッセージから半年後のことだった。
《我々は、ついに求めた人材を発見することに成功した。我々の長い旅もここで終了する。現在のところは、だが》
どこかの誰かが謎を解き明かしたのか。エリクソンは落胆した。だが、間も無く新しいメッセージが発見される。そこには《やあ、我々はベストな人材を引き続き探索することになった》と書かれていた。どうやら謎を解いた人物は「求めた人材」ではなかったらしい。

新たなメッセージには、またも暗号が隠されていた。おまけにそれらは古代ゲルマンのルーン文字やヘブライ語などを用いた、非常に難易度の高い暗号だった。

だが、ネットユーザーたちは諦めなかった。懸命な調査の末、彼らは世界にある七つの都市の名前を導き出したのである。確認したところ、前回と同様に各都市には蝉の画像のポスターが貼られており、そのうちの一ヶ所は沖縄市の路上だった。恐るべきことに日本もまた壮大なゲームの舞台だったのである。

この解明を最後に［シケイダ３３０１］は大きな進展を見せていない。不定期にアップされるメッセージは、ツイッター上に投稿されたり魔法陣が潜ませてあったりと、さらに高度なものになっている。だが２０１８年現在、このメッセージがどこに行き着くのかは全く解明されていないのだ。


しかし、これほどの仕掛けが可能な人物とはいったい誰なのか。

複数の専門的な言語を使いこなし、世界中にポスターを貼るなど、個人のイタズラとは考えにくい。一部ではＦＢＩやＣＩＡなどの諜報機関が有望な人材をスカウトするために行なったテストではないかと言われたが、いずれの組織も関与を否定している。

他にも、数学の賞であるフィールズ賞の受賞者が組織立って開催しているという噂や、国際的なハッカーが裏資金の流通に使っている暗号だという噂、なかには「シケイダ」は「死刑だ」という日本語の意味で、最後の地点に辿り着いた人を殺害し、それを中継する残酷なゲームだという噂もある。だが真相は未だに分かっていない。我々を翻弄しながら、今日も蝉は電脳空間を飛び回っているのだ。

ちなみに、アメリカには周期蜩という、決まった年にのみ羽化する蝉が生息している。この周期蝉は二種類いて、それぞれ十三年と十七年の周期で大発生する。十七と十三は、どちらも３３０１とおなじく、素数である。

世界の噂

テレポート・アニマル

テレポート・アニマルという言葉を聞いたことはあるだろうか。本来その土地に生息していないはずの動物、その中でも目撃情報ばかりで捕獲されていないものをこのように呼ぶ。いわば、ある種のＵＭＡ（未確認生物）とも言えるだろう。別な生物の見間違いであったり、ペットが逃げ出したものといったケースが大半だが、不思議な事例がないわけではない。ここではその数例を紹介してみよう。

テレポート・アニマルで最も有名なものはイギリスで目撃された大型のヒョウ型肉食獣、エイリアン・ビッグ・キャットだろう。その頭文字をとってＡＢＣと呼ばれるこの生物は真っ黒な体をしており、その姿はヒョウにそっくりなのだそうだ。

もちろんイギリスにネコ科の大型生物は棲息していない。だが、ＡＢＣの目撃情報は一九六二年から七五年までの間だけで実に百件以上も寄せられている。最近では二〇〇四年からの一年間で二千件以上。半数がイタズラや見間違いだとしても、あまりに多い数字であるし、もし好事家の飼っていたクロヒョウが逃げたのだとしても、半世紀近くに渡って生存し続けるとは考えにくい。

二〇一〇年三月には、英国自然局がＡＢＣの存在を認め、未確認の情報だけで四〇件も目撃されている事実を公表した。しかし、その正体は未だ謎に包まれたままなのである。

日本でもテレポート・アニマルの報告が数多く残っている。

一九七一年一月、和歌山県にある駐在所の警察官が浪早崎の海岸付近をパトロール中、雑木林にある岩の上でメスのライオンに似た動物を目撃している。三日後には京都の福知山で猟師がライオンそっくりの動物と遭遇した。七二年には亀岡市の中学生がライオンを目撃、「絶対に野良犬や山猫ではない」と断言している。いずれも捕獲はされていない。

一九七五年二月、東京駅の地下道を歩いていた大学生の前に、突然天井板が落ちてきた。大学生が驚いて穴の開いた天井を見ると、配管か梁《はり》のような部分にぶら下がる三匹の猿がいた。大学生が腰を抜かしている間に、猿たちは暗闇へと消えてしまった。

現場近くにあるコーヒー店の店長の証言では、ふた月ほど前から妙な鳴き声が聞こえていたという。東京駅職員が調査した結果、天井板が落ちた原因は配管の作業員が作業中に誤って落としたもので、動物に見えたものは配管に引っかかったゴミだろうという結論に至った。しかし大学生はその後も、あれは確かに猿だったと言い張っている。

一九八九年四月には、横浜市緑区の川で主婦がワニらしき生物と遭遇している。銀色に光る体の生物は、爬虫類特有の手で水を掻きながら主婦めがけ向かってきたという。その後も緑区ではワニに似た生物がたびたび目撃されている。三ヶ月後の七月には、カエルのような顔をしたワニそっくりの生き物が民家の庭先に出現した。生物は間も無く庭の隅にある物置小屋へと姿を隠し、そのまま消えてしまったそうである。

二〇〇九年には、宮城県の大崎市周辺で「カンガルーを見た」という情報が相次いだ。初めに目撃されたのは二〇〇二年前後で、それから述べ十人以上の住民が目撃している。時間帯は夜や朝方に集中しており、車道を跳ねながら横断していた、田んぼをものすごい速度で移動していた、親子らしき大小の二頭が草むらから顔を出した、など様々な証言があった。十月には、深夜に車で帰宅していた主婦が異様に耳の長い生物を目にしている。その生物は道沿いに人間のような格好で座っており、ヘッドライトに照らされても逃げる様子がなかった。薄いベージュ色の体毛で、体長は軽トラックの荷台ほどもあったという。

付近へ頻繁に出現するカモシカを誤認したのではないかという話もあったが、目撃者は一様に、カモシカとは明らかに違う生き物だったと証言している。ちなみにアメリカでは一九四九年あたりから生息しないはずのカンガルーが何度も目撃されており、一九七八年にはウィスコンシン州でカンガルーの足跡が採取されている。

実際にテレポート・アニマルが捕獲された例もある。

二〇〇二年の七月、アラスカ州の沖合で、南米の海に生息しているはずのフンボルトペンギンがサケ漁の網に引っかかった。調査したワシントン大学は、フンボルトペンギンが自分の力でアラスカまで遊泳することは理論上不可能であることから、「南米沖で漁船に捕獲され、その後何らかの理由でアラスカに放された可能性が高い」と、やや苦しく思える結論を発表した。

日本では千葉県袖ケ浦《そでがうら》市で、アフリカ原産のホオジロカンムリヅルという鳥がたびたび目撃されている。二〇一六年七月に袖ケ浦公園で最初の目撃情報があり、八月にも二羽のカンムリヅルを多数の市民が目にしている。さらに遡《さかのぼ》ると二〇一二年あたりには房総半島周辺での目撃例も見つかった。なぜこのような鳥が千葉にいるのかについては諸説ある。二〇〇一年に閉館した勝浦《かつうら》市の行川《なめかわ》アイランドから逃げ出したのではという説（ここでは、フラミンゴなど海外産の鳥が数多く展示されていた）、休園していた茂原《もばら》市の施設から脱走したという説などが囁かれた。事実、行川アイランドからは鹿《しか》の仲間であるキョンが脱走している。

さて、こんな噂をあなたは知っているだろうか。

山梨に暮らすその男性は、釣り仲間や警察に勤務する親戚など数名から「富士の樹海でトラを見たという報告がある」と聞いたらしい。噂では、今世紀初め、飼っていたトラを資金難で手放さざるを得なくなった暴力団幹部が、富士の樹海に放棄したと言われている。

ただ、この噂にも別なバリエーションがあり、「暴力団幹部はトラを捨てたわけではなく、自殺するために樹海を訪れた人間を食わせるため、わざと放し飼いにしているのだ」との説も、人づてに聞くことができた。教えてくれた人物によると、そのトラの世話をしていた組員が誤って食い殺されてしまい、そのためトラが人肉の味を覚えてしまったのだという。

警察庁の発表によれば、平成二十八年度の全国の行方不明者は述べ八万四千人。これは警察に失踪の届け出があった人数であり、実際には人知れず行方が分からなくなる人間も数多くいるとされている。中には、自殺目的で樹海へ足を向けた者もいるかもしれない。もしかしたら、そのうちの何名かは奥へと迷い込み、いるはずのない獣に……。

有り得ない話ではないのである。

未解決の謎

アポロミュージック

「アポロは月へ行っていない」という有名な噂がある。

一九六九年、アポロ11号による人類初の月面着陸は捏造で、実はハリウッドのスタジオで撮影されたという主張である。ＳＦ作家のアーサー・Ｃ・クラークが台本を書いたという説や、「２００１年宇宙の旅」で有名な映画監督、スタンリー・キューブリックが撮影を指揮したという説まで存在する。

だが、この噂は残念ながらまぎれもないデタラメだ。月面着陸懐疑派が支持する数々の論拠（真空であるはずの月面で星条旗がはためいてる、影の方向がバラバラである等）は、いずれも科学者や当時の関係者らによって理論的な説明がなされている。クラークやキューブリックの噂もこの滑稽な陰謀論をからかったテレビ番組の影響であり、つまりは嘘を情報ソースに「捏造だ」と騒いでいる、甚《はなは》だお粗末なものでしかないのだ。

しかし、アポロ11号の噂は捏造だとしても、以下の話はどうなのだろう。

こんな噂を、あなたは知っているだろうか。

一九六九年五月のその日、有人宇宙飛行衛星アポロ10号は月の周回飛行を行っていた。この飛行は、続くアポロ11号のリハーサルとして、実験データを採取するための重要なミッションだった。搭乗していたのは、トーマス・スタフォード、ジョン・ヤング、ユージン・サーナンの三人。いずれも宇宙飛行の経験者という、ベテランの宇宙飛行士だった。

やがてアポロは周回軌道に到達し、月面から高度百十キロの位置を飛行していた。月の裏側を飛行する際、アポロはヒューストンにあるコントロールセンターと交信が一時的に途切れる。異変が起きたのは、まさに更新が途絶えたその直後だった。

乗組員たちが着用しているヘッドセットから、不可解な音が流れ始めたのだ。その音はハウリングのように耳障りなものであったが、確かに一定の音階を保っていたという。

前述したように、月の裏側には電波が届かず、地球と交信が途絶してしまう。つまりは無線が届かないために、ヘッドセットからは何も聞こえないはずだった。

音を聞いた三人は、以下のような会話を交わしている（この音声は二〇一六年に科学検証番組が、ＮＡＳＡによって公開された膨大な量のアーカイブから発掘した）。


「音が外宇宙から聞こえているぞ」

「聞こえるか。ウー、ウーと口笛みたいな音が鳴っている」

「なあ、これは奇妙だが、確かに音楽だよ」

「ああ、まるで宇宙のミュージックだな」

「信じられない……」

「地球に伝えたほうが良いだろうか」

「……なんとも言えないな。もう少し考えてからにしよう」

「ええと皆さん、これがなんなのか、私たちはまるで見当もつかないんです」


奇妙な音楽は、アポロ10号が月の裏側を周回しているおよそ一時間、延々と聞こえ続けた。地球との通信が回復する直前まで、宇宙飛行士達はコントロールセンターにこの妙な音について報告すべきか議論したという。やがて無線は地球と再び繋がったが、宇宙飛行士たちがコントロールセンターに報告したかどうかは、記録上に残っていない。

なお、この件についてNASAは以下のようなコメントを出している。

《極秘テープの噂が出ているが、NASAがそれを隠蔽した事実はない。アポロ10号の交信記録は一九七三年にすべて公開されており、二〇一二年にはテープの内容をデジタル化して公開している。加えて我々は当時操縦士だったユージン・サーナンに聞き取り調査を行なったが、彼は「重大な事態に直面した記憶はない、もし妙な音が聞こえたとしても、それは妨害電波の類だろう」と語っている》

NASAのコメントは録音されていた音声と明らかな食い違いが見られる。サーナンはあの時、はっきりと音を聞き、混乱していたのだから。ならばNASAはいったい何故、この件を無視しようとしているのか。その音に、どんな秘密が隠されているのだろうか。

なお、アポロ10号は、月面から十五キロの距離に接近した際、月面に立つ塔のような物体を撮影している。古代の建造物を彷彿《ほうふつ》とさせるこの物体は、ムーンキャッスル

（月の城）と名付けられたが、その正体は今もって解明されていない。

　また、当時NASAで画像分析の仕事に携わっていたジョージ・レオナルドは、NASAから四十本以上のフィルムを破棄するよう命令された事実を告白している。破棄されたフィルムには、いったい何が記録されていたのだろうか。

世界の噂

小鳥のエンザ

こんな噂を、あなたは知っているだろうか。

二十世紀初頭、世界はスペイン風邪の猛威に襲われていた。

第一波は一九一八年三月にアメリカの北西部で発生。第一次世界大戦の最中だったのが災いして、罹患《りかん》した米軍兵士はそのまま欧州に渡り、両軍の兵士に多数の死者を出す形となった。ちなみに、スペイン風邪の名前はスペインの王族が罹患したことから名付けられたもので、最初にスペインで発生したわけではない。

同年の秋に第二波が世界各地で同時発生。翌春には第三波が起こり、最終的には二千万から四千万人の死者を出した。日本でも発生からの三年間で人口の約半分にあたる二千万人以上が罹患し、約四十万人が死亡している。

第二波が流行し始めた一九一八年九月、のちに推定八万人以上が罹患し、七百人以上が亡くなるマサチューセッツ州で、こんな唱歌が流行《はや》りだした。歌っていたのは子供たち。学校の休み時間に、縄跳びで遊びながら口ずさんでいたらしい。

私は小鳥を捕まえた
小鳥はエンザと言う名前
私が窓を開けたから
エンザが窓から飛び込んだ！

この歌は、スペイン風邪のあっという間に伝播する速さと空気で感染する恐怖を擬えたものだと言われている。そして最後の歌詞は英語の原文で in flew Enza となっている。すなわち、スペイン風邪の正体はインフルエンザだと歌っているのだ。ところが、これは妙な話だ。何故ならスペイン風邪の正体がインフルエンザ、それも鳥インフルエンザウイルスに由来すると判明したのは、二十世紀の終わりなのだから。

一九九七年八月、アラスカ州の凍土で発掘された遺体から肺組織が採取され、その結果スペイン風邪の病原体がＨ１Ｎ１亜型（鳥インフルエンザウイルス）の突然変異だと判明。当時の人々が免疫を持たない新興感染症であったことが大流行の原因だと解析されたのだ。

つまり、スペイン風邪の正体が鳥に起因するインフルエンザの一種だと分かったのは、最近の話なのである。だとすれば、どうしてこのような歌が流行ったのだろうか。題材に鳥を選んだのは、本当に単なる偶然なのだろうか。

ちなみにこの歌、どのような資料を調べても、作詞者や作曲者が見つからないのだ。

未解決の謎

電車事件簿

私が好んで蒐集する新聞記事に「電車にまつわる不可解な現象」がある。電車の記事は多くの人の通勤通学に影響するため、他の奇妙な事故に比べて掲載される確率と速報性が高く、数が集まりやすいのだ。中でも「人間消失もの」は、私の大のお気に入りだ。

皆さんも「線路へ飛び込んだ人が忽然《こつぜん》と消えた」などというニュースをテレビや新聞で目にした記憶があるはずだ。だが、その場所や日時をハッキリ記憶している人間は少ない。それもそのはず、この類の事故未遂とでもいうべき事例は、昭和時代から定期的に起きているのだ。そのすべてを掲載する事はページの都合上合理的ではないため、ここでは平成に起こったものの中から、とりわけ印象的な事件のみを（それでもこれだけの数があるのだ）抜粋してみようと思う。こんな奇妙な出来事を、あなたは知っているだろうか。

一九九六年十月、ＪＲ山手線の御徒町《おかちまち》駅で、ＯＬと見られる女性がホームから線路へと飛び込んだ。列車は急停車、駅員が車両の下を確認したものの、遺体どころか血痕さえも残っていなかった。目撃者によれば、オカッパ頭で異様に首が長い女性であったという。

二〇〇二年には、鎌倉行きの回送列車が逗子《ずし》を発車した直後、運転士が夜の線路に立つ女性を発見し、その直後に衝突音を確認して停車している。外に出て確認を行ったものの、付近には誰もおらず、車体にも損傷はなかった。その一ヶ月後には、久里《くり》浜《はま》駅付近を走行していた列車の運転士が線路脇に女性を発見、直後に衝突音がしたため緊急停止している。この時も撥ねられた女性は見つからず、車両も無傷だった。ちなみにどちらの停車時も、立っていたのは真っ白な服を着た女性であったそうだ。

おなじく二〇〇二年、神戸のＪＲ住吉《すみよし》駅では、時速百キロ超で通過する新快速電車の連結部分から真っ赤な服を着た男性がホームに飛び降り、そのまま立ち去っている。男は驚く人々の視線を気に留める様子もなく、スタスタと歩いて姿を消したという。

二〇〇三年には青森発八戸《はちのへ》行き回送列車の運転士が、前方の線路に立つ老女に気付いて急ブレーキをかけた。電車が停止後、運転士はすぐに警察へ連絡。救急車も手配したが、確認したところ老女の姿は無く、列車に衝突した痕跡も見られなかった。青森では二〇〇七年にも、東北線の線路上に座り込む老女を運転士が発見している。この時も電車を緊急停止させて周辺を探したが、老女は発見されていない。

JR中央線の西荻窪《にしおぎくぼ》駅では二〇一〇年、高尾《たかお》行き普通電車が停車する直前に、ホームの男性が線路へと転落。直後にドーンという轟音《ごうおん》が聞こえたため駅員が周辺を捜索したが、男性の姿はなかった。

同じく二〇一〇年にはJR北陸線の駅で、通過予定だった富山行きの特急電車が急停止した。運転士は「ホームから飛び降りた人物を撥ねた」と説明したが、遺体も怪我人もどこにも見当たらなかった。ただ、先頭車両に設置されている乗務員用の鉄製ステップが、前から強い力で押されたように曲がっていたという。

一つや二つならば、見間違いや目の錯覚、あるいは飛び込んだ人間がこっそり逃げたという説明で済むかもしれない。しかしこれだけの数が（繰り返しになるが、これはほんの一例だ）正式に記録され、そのいくつかは運転士のみならず、ホームの乗客など多数の人間が目撃しているのだ。

では、とりわけ奇妙な事例を紹介しよう。二〇〇五年四月十五日に起こった福知山《ふくちやま》線の脱線事故にまつわる、二つの話である。

事故当日、鹿児島県在住の女性が、交際相手の男性に会うため福知山線の快速電車に乗っていた。ところが電車は伊丹駅でオーバーランして停車、発車を待っていたところ、六十代から七十代と見られる老女から「この電車に乗ってはいけない」と腕を引っ張られ、強引にホームへと一緒に引きずり降ろされた。いったい何事かと思い呆然としていたが、まもなくホームに事故を告げるアナウンスが流れた。事故を起こしたのはついさっきまで自分が乗っていた電車だった。驚きのあまり振り返った時には、すでに老女の姿は消えていたという。

この話はスポーツ新聞に掲載されたことから一般の人も知るところとなり、現在でも語り継がれている非常に有名なものである。しかし、前日に起こった次の話は、新聞に小さく掲載されたものの、あまり知られていない。

事故の前日、ＪＲ神戸線を走っていた快速電車の車掌から「線路脇を歩いている男性とすれ違った」とＪＲ西日本に連絡があった。すぐさま付近が捜索されたが人影はどこにもなかったという。車掌の証言では、男性は黒ずくめの格好であったそうだ。

ちなみに男が目撃された場所は、脱線事故の現場から一キロ程度の距離。異様に近いという事実だけを、最後にお知らせしておきたい。

村の噂

ナメクジ

こんな噂を、あなたは知っているだろうか。

ある女性が結婚前の挨拶のために、結婚相手の実家である山沿いの村へとやってきた。ところが彼女は数日前から喉風邪《のど》を患っており、挨拶の席でもその後の食事の際も、声がかすれて思うように喋れない。ついにはひどく咳《せ》き込んでしまい、ほとんど言葉を発する事ができなくなってしまった。

せっかくご両親に気に入られようと思ったのに、これでは嫌われてしまう。失意のまま床に就いた彼女はその夜、妙な感触で目を覚ます。

ヌルヌルとした塊が喉の奥に引っかかっている。最初は痰が絡んだのかなと思ったが、喉から鼻に抜ける臭いが生ぐさいのが気になった。新鮮ではない海産物のような、不快な臭いだった。

ひとまず吐き出そうと考え、バッグからティッシュを取るために布団から抜け出た瞬間、彼女はすぐそばに誰かが座っているのに気が付き、大声をあげた。

座っていた人物が立ち上がり電気を点ける。そこにいたのは結婚相手の母親で、手には茶色い塊が握られていた。まだ生きている大きなナメクジだった。

絶叫する彼女をなだめながら、母親は説明した。この地方では喉が悪い時にナメクジを飲む習慣があること、知らない人に勧めてもなかなか信じないので、こっそりと飲ませたこと。すべてを聞いて、女性はいっそう大きな声で叫んだ。ナメクジのおかげか、その声は非常に美しかったという。

結局この一件が元で、女性は結婚を取り止めてしまった。


ナメクジを喉の薬として飲む地方は実在する。秋田や愛知、広島などの一地方では生のまま飲むのが良いとされ、石川県の加賀地方では焼いたものを飲むという。また、山形や長野では喘息《ぜんそく》の薬として丸飲みする風習があり、兵庫では乾燥したものが珍重されている。

島根県には「ナメクジ油」という、その名の通りナメクジを菜種油に漬け込んだものが民間薬として広まっている。これはかゆみや虫刺され、果てはマムシに噛まれた傷などに効くと言われており、地域おこしの一環として特許を取得している。

なお、ナメクジには広東住血線虫《かんとんじゅうけつせんちゅう》が寄生している場合があり、生で口に入れると発熱や下痢になるほか、ひどい時には髄膜《ずいまく》炎を発症して死に至ることもあるので、野山で見かけても注意が必要だという。

犯罪の噂

動かない赤ん坊

こんな噂を、あなたは知っているだろうか。

ある夫婦が生後間もない赤ん坊を連れて海外旅行に出かけた。彼らは親子三人で旅行を楽しんでいたが、ショッピングセンターに入った折、少しの間だけだからと赤ん坊を車に残して買い物を始めてしまった。十数分後、車に戻った夫婦は我が子の姿が忽然と消えていることに気づく。大使館や現地の警察を駆け回り、赤ん坊を探してくれるよう要請した。だがその努力も空しく、子供を見つけることは出来なかった。

数日後、別な赤子連れの夫婦が海外からの帰国便に搭乗していた。赤ん坊は父に抱かれ、熟睡しているのかピクリともしない。すると、夫婦の座席の脇を通っていた客室乗務員が乱気流で機体が揺れた拍子に、誤って手を赤ん坊の顔に当ててしまった。彼女は夫婦に謝りながら、赤ん坊の様子を見るなりギョッと青ざめた。赤ん坊の首が有りえない方向に傾いている。それなのに赤ん坊は目を覚ます様子もなく、まったく動かない。

父親は「寝ているからそっとしておいてくれ」と乗務員を追い払った。違和感を感じた彼女は、機長に一連の出来事を報せ、空港に到着するや夫婦は取調べを受けることになった。

係官が赤ん坊を調べてみると予想どおり、それは死体だった。哀れな赤ん坊は首筋から腹部まで一直線に体を裂かれており、内臓が抜き取られた体内にはビニール入りの麻薬が詰め込まれていた。あの夫婦の拐《さら》われた赤ん坊が密輸の道具になっていたのである。


これはアメリカで古くから語り継がれている都市伝説である。様々なバリエーションがあるが、赤ん坊が誘拐されて麻薬や盗んだ宝石などを体に詰め込まれているという流れは概《おおむ》ね共通している。我が子から目を離すと大変なことになるという教訓、国際的な誘拐への不安などが作り出した噂と考えて良いだろう。しかし、本当にそうなのだろうか。これは根も葉もない話なのだろうか。

改めて、こんな噂をあなたは知っているだろうか。

二年前の正月、ある男性が靖国神社《やすくに》へ初詣《はつもうで》に出かけようと中央線に乗った。通勤で使い慣れた路線だが今日はさすがにいつもと雰囲気が違い、カップルや家族連れが多い。正月らしい車内の様子にしみじみする中、彼はおかしな光景に目を留めた。

中東系の外国人らしきヒゲ面の男が子供をおぶっている。子供はまだ一歳にも満たないほどの乳児で、目を瞑《つむ》ったまま父の背中でピクリともせずに眠っていた。その肌は真っ白、薄く生えた髪の毛は鮮やかな金色。おぶっている男とは似ても似つかない容姿だった。

それでも、この親子を見たのが初めてであったなら彼も「お母さんがブロンドなのかな」程度に考えていたはずだ。男性がおかしいと感じたのは、以前も親子を見かけていたからだった。

三ヶ月ほど前に目撃した時は、背中の赤ん坊は茶色の肌と黒髪だったような記憶がある。その前には黒人系の肌で短い天然パーマの子供をおぶっていたはずだ。どうしてあの男は毎回おぶっている子供が違うのか。悶々と考えながら眺めているうちに、ヒゲ面の男は電車を降りてしまった。その後は今に至るまで、会えないままだという。

さて、ここで私たちはちょっとした疑問を持つはずだ。なぜ、男性は電車内で数分しか遭遇しない親子を覚えていたのか。そんなに記憶力が良い男なのか。

彼によれば、どの遭遇時もあまりに動かない赤ん坊が強く印象に残っていたのだという。満員電車であろうが電車が大きく揺れようが、隣の人の荷物が顔に当たろうが、赤ん坊は微動だにせず、目を開けることも一度としてなかったのである。

この事実は、いったい何を意味するのだろうか。

街の噂

ファン

こんな噂を、あなたは知っているだろうか。

その女性は、ある男性ロックミュージシャンのファンを長らく続けている。デビュー間もない頃からバンド解散、ソロとなった現在まで、ファン歴は二十年以上。生活のすべてを彼に捧げ、収入のほとんどをツアーの追っかけやグッズの購入に費やした。それほど長い時間をファンとして過ごすと、色々なことが分かってくるのだという。

ミュージシャンが全国ツアーをする際は、頻繁に訪れる街となかなか来ない街がある。人口や交通の利便性など、集客を考えての選択かと思われがちだが、その女の子によれば「それだけが理由とも言えない」のだそうだ。

若いミュージシャンの多くは、高級風俗店が充実している都市を優先的に選ぶらしい。つまり、コンサート後のお楽しみでツアー先を決めているというのだ。

過去にはグルーピーと呼ばれる熱狂的なファンに手を出すミュージシャンも多かった。だがネット上にリークされるケースが頻出したため、現在はプライベートではファンとの接触を極力避けなくてはいけないのだそうだ（事務所の契約書にも明記されているらしい）。

しかしそこは若い男性のこと、遊びたい衝動はそう簡単に治まらない。そこで事務所は口の堅い風俗店を選び抜き、コンサート前後にわざわざ連れて行くのだという。

「ガス抜きよね」と笑う女性によれば、トップ人気は地震に遭った九州のある都市らしい。

「だって〝一番サービスがいい〟って本人が言ってたもん。そうよ、私そこに勤めてたの。もちろん彼に会うため引っ越したの。店長に毎月お金渡して、彼が来た時には推薦してもらったわ」

ファンとは恐ろしいものだが「上には上がいる」と女性は言う。

数年前、その男性ミュージシャンは結婚している（公には発表されていないが、ファンの間では周知の事実なのだそうだ）。相手はプライベートで知り合った一般人女性。

流行に疎《うと》く、ミュージシャンのことを知らなかったのが、「自分を一人の人間として見てくれる」と逆に功を奏し、ゴールインまで漕ぎ着けたとの話だった。

「バカよね。あの子、私より年季の入ったファンなのよ。彼の郵便物とかゴミとか漁って情報集めて、それで近づいたんだから」

結婚を機にミュージシャンはすっかり大人しくなった。女遊びもぱったりと止み、ツアーの開催場所も変わってしまったのだ、と女性は嘆く。

「ゴルフ場がある都道府県になったの。事務所のお偉いさんに薦められてハマったみたい。だから、こっちもすぐに次の手を打ったわよ」

女性は現在風俗店を辞め、ゴルフ場のキャディーとして働いている。彼がお気に入りのゴルフ場である。

「月に一度は来るわよ。憧れのミュージシャンと連れ立って歩けるなんて、最高でしょ。そのうち離婚するかもしれないし、今はチャンスをじっと待ってるの」

宝物は、ラウンド中に彼が鼻をかんだティッシュだそうである。

熱狂的なファンによる事件は世界各国で起こっている。アメリカでは二〇一六年、新人女性歌手がコンサート会場でファンに射殺されている。犯人である二十七歳の男性は女性歌手の熱狂的なファンとして知られており、彼女と結婚することを夢見て、菜食主義者への転向や毛髪の移植、レーシック手術まで行っていたが、彼女に恋人がいることに嫉妬して犯行に踏み切ったと考えられている。犯人は射殺後、自らに銃を向けて自殺した。

中国では二〇一三年、アイドルグループに熱中する十三歳の娘に怒った父親が、娘を包丁で刺し殺す事件が起きている。父親は日頃から昼夜逆転した生活を送る娘と衝突していたが、事件当日、娘が「アイドルの方が両親より大事だ」と言ったのに激昂し犯行に及んでいる。父親は、自らの手首を切って自殺を図ったが未遂に終わり、殺人罪で処罰された。

国内では、ベテランの男性ミュージシャンが女性ファンから八年間に渡ってストーカー行為を行われ、精神的不調のためにコンサートを中止する騒動があった。女性ファンはミュージシャンの郵便物をあさったり、使用済み生理用ナプキンや自分のわいせつな写真を送るなど迷惑行為を繰り返したほか、婚約破棄を理由に損害賠償金を一億円要求するなどの奇行に走っていた。所属事務所からの警告文で女性は謝罪、ストーカー行為を止めたという。

二〇〇八年にはアイドルのコンサート中に天井の一部がはがれ、約七メートル下の三階スタンド席に落下、観客が頭に軽傷を負っている。天井裏には作業用の鉄骨があるが、「穴から人間の足が見えた」との目撃情報もあり、警察では侵入した部外者が足を踏み外した可能性もあると捜査を続けている。ちなみに、コンサート中に会場の従業員が鉄骨を渡ることは有り得ないそうだ。

街の噂

プレミア

ネット上で品物を売り買いできる、オークションサイトやフリマアプリが盛況である。家に眠っていたガラクタが金になる、もしくは手頃な値段で欲しかった商品が手に入るとあって、今後も利用者はますます増えていく傾向らしい。出品されているものは型落ちのブランド品や使わなくなったベビーグッズなどが多いが、それらに混じってやや変わったものも、たまにエントリーされているという。

こんな噂を、あなたは知っているだろうか。

富士の樹海で死体を収容するのに使ったブルーシートが某フリマアプリに出品された。出品者のコメントによれば、髪の毛や木の葉などが付いたままの、そのスジのマニアにはたまらない逸品だという。事実、出品して早々に売れてしまったそうだ。

また、他のサイトには、「引っ越した部屋の天井につられっぱなしだったロープ」が出品されていたという。説明によると、出品者の越した先は都内アパートだったが、入居前に不動産屋から瑕疵物件（過去に自殺や変死があった部屋）だと説明をされていたのだという。それを裏付けるように、先端が輪になったロープの画像には、擦れた皮膚の跡らしき赤黒いシミが残っていた。

コメント欄には「イタズラではないか」などの意見も並んでいたが、結局これも二十四時間と経たずに売れてしまった。

ある男性が、某オークションサイトで未使用のカセットテープを安値で競り落とした。未だにラジカセを愛用している老いた父のために購入したのだが、届いたテープはどれも使用済みで、再生してみると妙な声が録音されていた。

《私は、ある事件の犯人です……》

声の主は、自分が昭和の後半に起こった未解決殺人の犯人であると名乗り、その証拠として犯行内容を淡々と語り続けた。送られてきたテープ七本すべてが同様の内容だったが、どれもわずかに言い回しが異なっていた。つまり、犯人を名乗る男は、七回に渡りおなじ告白を録音していたことになる。

もう一度ネットで確認したが、すでに出品者のアカウントは消去されていた。その後、男性はテープを最寄りの警察署に届けたが、数ヶ月経った今も連絡は届いていないという。

医療の噂

扇風機よりも

扇風機の風を浴びたまま眠ると、気化熱で体温が下がりすぎて低体温症で死亡する……もしあなたが都市伝説やオカルトが好きな人間なら、この俗説を一度は耳にしたことがあるはずだ。低体温症以外にも、寒さで血管が収縮して心筋梗塞《しんきんこうそく》や脳梗塞を起こすという説や、扇風機周辺が真空状態になって窒息死するといった荒唐無稽な説まで、様々な噂がまことしやかに囁かれている。

一九七二年の全国新聞には、水戸《みと》市の男性が風呂上がりに扇風機をつけたまま寝ていたところ、心臓麻痺で死亡したという記事が掲載されている。また、あるワイドショーでは、室温二十八度の部屋で、扇風機を被験者から一メートルの距離に置き、強風を浴び続ける実験を行なった。その結果、皮膚の表面温度は三十度まで下がり、被験者は腕の痛みや指先の感覚麻痺を訴えている。この噂は日本のみならず、お隣の韓国でも広く知られており、夏になると「扇風機による死」を扱った記事が出回っているという。

だが、扇風機で体表温度が下がることはあっても、低体温症や心筋梗塞になって死ぬことは、科学的に有り得ないのだという。泥酔した場合や睡眠薬を服用した場合などの極端な例を除けば、低体温に至る前に寒さで人間は目がさめるように出来ているのだそうだ。また、気化熱に関しても凍死するほど体温が下がることは理論上ない。

そして、ある医療関係者によれば、扇風機よりエアコンの方が怖いらしい。その人物は「エアコンで死んだ例を知っている」と言うのである。

こんな噂を、あなたは知っているだろうか。

その夏はとりわけ暑かったが、男性は「扇風機を当てて寝ると死ぬ」という噂を頑なに信じていた。だが熱帯夜を扇風機もなしに過ごすのは耐え難い。そこで、男性は知人から古いエアコンを譲り受けることにした。

見るからにオンボロのエアコンをなんとか設置してスイッチを押すと、音こそうるさいものの無事に動いて冷風を吐き始めた。「これで夜も快適に眠れる」と男性は喜び、稼働させたままで床に就いた。そして、翌朝に死んでいたのである。

死因は窒息死、古いエアコンからフロンガスが漏れて酸欠になったのだという。

冷房機器で恐ろしいのは凍死よりも焼死だと、如実に示すデータがある。

製品評価技術基盤機構の調べでは、二〇一一年からの五年間に、扇風機が原因の火災は九十件、うち五人が死亡している。原因の多くは古い扇風機を使用したことによるもので、首振り機能によって配線に負荷がかかって断線した例や、モーター部分の銅線が劣化して発火に至った例などがある。

一方、エアコンでも五年間で二百五十九件の火災が発生、うち五人が死亡している。不適切な配線が原因となった事例のほか、掃除の際に洗浄液が内部部品に付着して発火したケースや、ネズミやナメクジやネズミなどが室外機に入り込み、回路がショートして発火した例も報告されている。

未解決の謎

運命

『ファイナル・ディスティネーション』という恐怖映画をご覧になったことはあるだろうか。

飛行機墜落や玉突き事故、橋の崩落など多数の死者が出る災難を間一髪で逃れたはずの主人公達が、次々と不可解な事故で亡くなっていくという、人気シリーズの映画である。

彼らに続々と降りかかる災難は、まるで「死の運命からは逃れられない」ことを暗示しているかのように思える。だが、このような運命のイタズラは映画の中の話とは限らない。偶然と呼ぶにはあまりにも皮肉な出来事が、世界では実際に起こっているのだ。

こんな奇妙な出来事を、あなたは知っているだろうか。

一九七七年、インディアナ州にある大学の男子バスケットボール部が、ミドルテネシー州立大学のチームと対戦するために軽飛行機に搭乗した。ところが、飛行機は離陸直後にコントロールを失って墜落、乗組員三名と二十六名の乗客全員が死亡する惨事となった。ところが、部員の中にたった一人、体調不良で遠征に参加できなかった学生がいた。彼は自身の幸運を喜んでいたが、その二週間後に飲酒運転の車に轢かれ、死亡している。

一九八三年、ロードアイランド州の工場が強い嵐に襲われた。工場のオーナーの男性は倒壊した建物から奇跡的に生還し、辛くも死を免れた。それからしばらく経ったある日、彼が瓦礫《がれき》の中から書類を捜そうとしたところ、残っていた壁が崩落、その場で圧死した。

一九八八年、カリフォルニア州にあるガソリンスタンドで大規模な爆発事故が発生した。施設は全焼してしまったが、事故当時勤務していた店員一名と利用客一名は、奇跡的にも無傷で救出された。周囲の人々は「神のご加護だ」と喜んでいたが、二年後に二人は全く別々の場所で、それぞれ焼死している。

二〇〇八年、サウスカロライナ州の空港を発った小型飛行機が離陸に失敗、乗員六人のうち四名が死亡した。大火傷《やけど》を負ったものの一命を取り留めたのは世界的に有名なDJの男性だったが、彼は翌年にニューヨークの自室で死体となって発見されている。

二〇〇九年、ブラジルのリオデジャネイロ空港を発ったエールフランス機が、大西洋に墜落。乗客乗員合わせて二百二十八人全員が死亡した。この事故の際、イタリア人女性が同機に乗り損ねたために災難を免れている。彼女は新聞社の取材に答え、「満席で乗れなかったの、奇跡だわ」と喜んでいたが、翌日の便でドイツに到着、夫が運転する車でオーストリアを走行中にトラックと衝突、死亡している。

同じく二〇〇九年、ベトナムの基地に戦闘機で向かっていたロシアの戦闘機三機が悪天候のために墜落、パイロット全員が死亡した。急遽同伴の輸送機に乗り換えた兵士一人が奇跡的に無事だったが、数日後にモスクワで開催された航空ショーのリハーサル中、彼の戦闘機が別な戦闘機と空中衝突、死亡した。もう一機のパイロットと副パイロットは緊急脱出をはかり、無事だった。死亡した兵士は、絶望的な状況から何度となく生還したことで有名な人物だったという。

これも二〇〇九年の話。ニューメキシコ州の山岳地帯で日本人女性が遭難した。彼女は州警察に携帯電話で連絡、ヘリコプターによって無事に救出されたが、その帰還中に機体が山と接触して墜落、死亡した。

二〇一三年、ブラジルのナイトクラブでパーティー中に火災が発生。逃げ遅れた二百名以上が死亡した。その後、二十一歳の女性がパーティーへ行く直前、ボーイフレンドから電話で行かないように説得されて思いとどまり一命を取り留めたことが発覚した。数日後、彼女はボーイフレンドを迎えに行った先で運転中にトラックと衝突。彼女も同乗のボーイフレンドも死亡している。

世界の噂

日本の車

こんな噂を、あなたは知っているだろうか。

都内にある古いラーメン店で一人の留学生が働いていた。勤務態度もすこぶる真面目で日本語もそれなりに堪能。店主は「暖簾《のれん》分けをしてやるから母国で店でも出さないか」と半ば本気で言うほど、彼を気に入っていた。

ところがある日、留学生は悲しそうな表情で店に来るなり「私、辞めなくてはいけなくなりました」と、店主に告げた。

「私、実はビザないです。同じようにビザない友達、昨日の夜に捕まった。このままだと私も調べられる。それだとお店困ります」

告白を聞いても店主は驚かなかった。「あらかたそんなことだろう」とは覚悟していた。しかし、聞いてしまった以上はそのまま彼を雇うわけにはいかなかった。もし不法滞在と知りながら雇っていたと知れれば、店の存続にも関わってくる。

「俺こそ、力になれなくて。ごめんな」店主は留学生に頭を下げ、退職金代わりにレジの紙幣すべてと、いつか渡すつもりだったスープのレシピを、まとめて彼に握らせた。

留学生は無言で涙をこぼしていたが、やがて泣きはらした顔を上げると「最後に教えておきたいことがあります」と、声をひそめた。


「私のふるさと、日本の車が走ってます。普通じゃない、変な車です」

「変な車って何だい？」

留学生によれば、彼の母国では払い下げになったオンボロの日本車が、修理もされずにそのまま輸出されてくるのだという。当然ペイントもそのままだから、中には「〇〇うどん店」や「布団の〇〇」など、店名が残っているものも多いらしい。

中でも一番の人気は、幼稚園のマイクロバス。小回りが利く上に乗車できる人数も多く、おまけに頑丈ときているので非常に需要が高いのだという。

そこまで言うと、留学生は顔を曇らせた。

「でも、それを使っているのは普通の人ではありません。〇〇〇〇です」

〇〇〇〇とは、ニュースでよく耳にする武装組織の名前だった。銃器と人員を積み込める幼稚園のマイクロバスは、彼らにとってはとても使い勝手が良いのだそうだ。

「そんなおっかない連中が幼稚園の可愛いバスに乗ってるなんて、なんだかおかしいねえ」店主はそう言ったが、留学生は真顔だった。

「おかしくありません。私の村、あのバスで何度も襲われました。たくさん死にました。一緒に日本へ来た友達の弟も、その友達の両親も、あのバスから撃ち殺されました」

返事に困る店主を見て、彼は「だから近づかないでください」と言った。

「私の仲間、あのバスをとても憎んでます。あのバスさえなくなれば誰も死ななくなる、本気で思ってます。それは違うと言ったけど、彼は聞いてくれませんでした。チャンスがあったら爆弾で〝カタキウチ〟をするつもりです」

その口調は、冗談とは思えなかった。

留学生は暖簾をくぐる直前まで、何度も「幼稚園のバス見かけても、近づかないでください」と言い続けて去っていった。その後の行方は分からない。

忠告どおり、店主は園児の乗った可愛らしいバスを見かけると、距離を置くようにしている。

医療の噂

事故あれこれ

医療関係の話は噂と結びつきやすい。死に直結する要素が高く、それでいて医療技術を我々素人は理解し難いため、不安が噂という形となって現れるのだろう。

最も、そのほとんどはまるで根拠のない嘘八百だ。例えば、「ピアスの白い糸」は有名な都市伝説だが、耳たぶに視神経は通っておらず、神経を素手で触ることも不可能である。このように無責任な噂が一人歩きする一方、逆に噂だと思っていた事例が真実だった、というケースも少なくない。やはり、医療は良くも悪くも奥が深いのだ。

国際美容外科学会が、世界中の美容整形外科医を対象にアンケートを実施したところ、美容整形が最も人気の国は、アメリカ、ブラジル、次いで日本の順であったと発表した。数が多ければ、それだけ常識から外れた事例も発生する。ある人によると、信じられない整形を依頼する患者は、定期的にいるのだという。

その人によれば、都内在住の三十代の女性は「飼っている犬と同じ、真っ黒な目にしてほしい」と依頼。医師が何度となく説得したものの女性の意思は変わらず、結局は目尻を小さくして黒目しか見えない状態にしたという。患者は非常に満足して帰ったそうだ。

アメリカでは、ロサンゼルスに住む三十一歳の男性が長年ファンだった歌手、ブリトニー・スピアーズに近付くため、十四年の歳月と八万ドルをかけ、およそ百ヶ所を整形した。彼は仲間から「ブリトニー」の愛称で呼ばれており、その名前を保つため、現在も月に千ドル近い金額を使って顔を維持している。

整形の中で最も人気が高い手術は、意外にも顔ではない。胸にシリコンを入れる豊胸手術なのだそうだ。しかし、異物を入れるわけだから体にいいはずがない。一歩間違うと、有り得ない事故につながる可能性もある。

二〇〇九年、モスクワ発カリフォルニア行きの航空機内で、ロシア人女性が胸に入れていたシリコンが爆発、意識不明の重体になる事故が起きている。調査した結果、劣化したシリコンの内部に空気が混入しており、これが膨張の原因になったのだという。

中国では二〇一三年、うつぶせで携帯電話を長時間いじっていた女性の胸が爆発した。この場合も、入れていたシリコンが粗悪であったことが原因と見られている。ある医師によると、このような事故は極めて稀だが、もしそうなった場合は胸に残った袋だけでなく、体内に散ったシリコンを徹底的に取り除く手術が必要なのだという。

豊胸に注いで人気が高い美容整形が、脂肪吸引手術である。

世界初の脂肪吸引手術は一九二一年、フランスで行われた。この手術は鋭い金属の器具で皮下脂肪を掻き出すという乱暴なもので、案の定、手術を受けた女性は足を切断することになってしまった。

技術が発達した現在でも、脂肪吸引による事故は数多く起こっている。感染症による組織壊疽《えそ》、脂肪の塊が血管を詰まらせる脂肪塞栓《そくせん》症、腕の悪い施術で内臓が破損したことによる出血死などがその原因だという。日本では二〇〇九年、都内の病院で脂肪吸引手術を受けた七十代の女性の容体が二日後に急変、死亡している。

二〇一三年にはベトナムで脂肪吸引受けている最中に女性が死亡した。担当医師はミスを隠ぺいするため被害者の遺体を川にこっそりと遺棄し、逮捕されている。

ちなみに、アメリカの食品医薬品局は「脂肪吸引が十万回行われると仮定した場合、二十人から最大でおよそ百人が死亡している可能性がある」というデータを公表している。

整形手術の事故は、医師の不手際によって起こるケースも多い。患者以上に医師が整形手術を軽んじ、あまりに重すぎる代償を患者に支払わせているのだ。

メキシコでは二〇一五年、臀部の整形手術を受けた女性が亡くなっている。検視の結果、彼女の死因は肺に開けられた穴からの大量出血であることが明らかになった。肺は、手術中に少なくとも四回刺された形跡があったという。事故か故意の殺人かは不明のままだが、警察の捜査の結果、その病院では過去に一度も美容整形手術を行ったことがないと発覚、また、担当の医師が前年に行った腹部の脂肪吸引手術中に、患者が亡くなっていたことも分かった。病院は閉鎖されたが、医師は免許を剥奪されていない。

二〇一二年、アメリカに住むトランスジェンダーの女性が頬や唇にボトックスを注射する整形手術を受けた。ところがこの時担当した医師は、闇医療を請け負う無免許医師だったのである。

それでも、この医師の腕が良ければ問題はなかったかもしれない。ところが現実は甘くなかった。医師はボトックスの代わりに彼女の顔にセメントやオイル、さらにはタイヤのパンク修理に使うジェルを混ぜ合わせて注入したのだ。

当然ながら彼女は手術後に炎症と激痛、感染症からくる肺炎などに悩まされ、顔面には醜い巨大な突起がいくつも残ってしまった。二年後に正規の手術を受けて回復したものの、顔面のコブが完全に消えることはないという。唯一の救いは、当の無免許医がもうメスを握れないことだろう。医師はその後、患者を死亡させて現在は服役中なのである。

同様の事件はフィリピンでも二〇一二年に起きている。十代の青年が無免許医に整形を依頼、驚くべきことに手術費用はたったの七百円だった。この医師も例に漏れず、整形に際して蝋《ろう》とワセリンの混合物を注入していた。男性は鼻と顎《あご》に大きな傷が残り、整形後に所属していたモデル事務所からも契約を解除されてしまったという。安物買いのなんとやら、あまりに美味《うま》すぎる話に命を賭けるのは、お薦めしない。

最後は、とりわけ信じがたい尾籠《びろう》な医療事故と、それに関連する事件を紹介しよう。

一九七八年、デンマークの病院で手術中に腹部を切開したところ、電気メスが腸内のメタンガスに引火して爆発、患者が死亡するという事故が発生している。一九六九年には同様の事故が日本でも起こっているという。

二〇一四年にはドイツの牛舎で、牛たちの大量のオナラに静電気が引火して火災が発生、最終的に屋根を吹き飛ばすほどの大爆発が起こっている。


昨今問題になっている地球温暖化。その原因の一つに、二酸化炭素やメタンガスなどの温暖化を促すガスが挙がっている。計算では、毎年およそ五億トンのメタンガスが大気中に放出されていることになるそうだが、そのうちの約二割は昆虫のオナラなのだという。

中でもゴキブリはその筆頭らしい。ある研究によれば、ゴキブリは十五分おきにメタンガスを放出しており、死んだ後も十八時間にわたってメタンガスを放出し続けるという。ゴキブリに人類が滅ぼされるという説も、あながち間違いではないのかもしれない。

街の噂

新宿の猿

新宿に猿《さる》が棲んでいると言ったら、あなたは信じられるだろうか？

二〇〇八年前後、夜の歌舞伎町《かぶきちょう》に出現しては、電線にぶら下がって移動する猿の存在が噂になった。その猿はいつしかジーラと名付けられたが、特筆すべきはその大きさである。ジーラはなんと、ゴリラのような体長をしているというのだ。

その巨体も軽やかに、ジーラは電線から飛び降りて、歩行者からカバンを奪い取ったと噂されている。さらには「街頭防犯カメラに映っていた」「もとは金持ちが飼っていた猿で、飼い主が死んだために逃げ出した」など、様々な憶測が乱れ飛んでいる。

一見すると荒唐無稽としか思えないジーラ騒動だが、個々の噂を見ていくと、そこには興味深い真実が浮かび上がってくる。

実は、猿が都内近郊で目撃されるのは珍しいことではない。

一九九九年には港区西麻布で猿が目撃され、八月に捕獲。当初は山から降りてきた野生のニホンザルと思われていたが、DNA鑑定の結果、ペットして飼育された個体であると判明している。

二〇〇〇年は世田谷区で飼育されていた猿が逃走。二〇〇五年には渋谷区にあらわれた猿が北区や台東区などでも目撃され、三ヶ月後に江戸川で捕獲された。この猿もペットとして飼われていたものだった。二〇一〇年には埼玉県川越《かわごえ》市に猿が出没、一ヶ月あまりの捕り物劇の末に台東区で捕獲。やはりペットだったという。

お気付きだろうか。都内で目撃される猿の多くが、野生ではなくペットとして飼われていたものなのである。

ニホンザルの場合、「特定動物」に指定されているため、飼育するためには設備その他の基準を満たす必要があり、加えて個体ごとに都道府県知事もしくは政令市長の許可を受けなければならない。また、飼育管理のためにマイクロチップ等による個体識別措置を取ることも、法律で定められている。つまり、合法的に入手された個体でなければいけないのだ。届け出や施設のハードルの高さを考えると、逃げ出した猿がすべてこれらの手続きを踏んでいるとは考え難い。一説には、闇ルートで売買する業者が存在するとの話もある。通常、ニホンザルの価格は一匹が五、六十万。裏では、その倍近い値段で取引されているという。ジーラが逃げ出したペットだと考えれば、都会のど真ん中に出没した理由も納得できる。

しかし、「ゴリラのような巨体」についてはまだ疑問が残る。ニホンザルの体長は大きいものでおよそ六十センチから八十センチ。どう考えてもゴリラと見間違える可能性は低い。だが、それはあくまでジーラが目撃された数多くの猿と同じ、ニホンザルであればの話だ。

もしかしてジーラは、チンパンジーではないのだろうか。

人間に最も近いとされる類人猿のチンパンジーは現在ワシントン条約で保護されている絶滅危惧種、かつ将来において絶滅する可能性が高いレッドリストの動物である。従って、ペット目的で輸入や購入することは不可能なのだ。ただしそれは表向きの話。闇ルートではニホンザル同様、盛んに売買されている（希少価値の高さではニホンザルよりはるかに人気だという話もある）。この闇で売られたチンパンジーこそ、ジーラではないのだろうか。

しかし、あなたは「チンパンジーとゴリラは、さすがに見間違うはずがないだろう」

と思うかもしれない。それはきっと、テレビに登場する可愛らしい姿を想像しているからだ。テレビ番組に登場してタレントと戯《たわむ》れるチンパンジーは、そのすべてが子供の個体なのだ。

チンパンジーは六歳を過ぎたあたりから感情的になり、発情期に迎えるとさらに凶暴になる性質を持つ。おまけにその握力は平均で約三百キロ、怒った場合は五百キロを越えることもある。腕力も強く、体重四十五キロしかない個体が二百七十キロのものを持ち上げた記録もあるのだ。とても人間が太刀打ちできるような動物ではないのである。

事実、アフリカでは二〇〇六年に動物保護区域に暮らすオスのチンパンジーが車を襲ってフロントガラスを叩き割り、運転手を車から引きずり出すと手足の爪をはがした上に、顔をむさぼって食い殺している。二〇〇九年にはベルリン動物園でも、園長がチンパンジーに指を噛みちぎられる事故が起きた。どうやらチンパンジーは、人間が指を負傷すると攻撃できないことを学習しているようだ。

アメリカでも二〇〇九年、ペットとして飼われていたチンパンジーが、たまたま訪ねてきていた女性をおよそ十二分に渡って襲撃、女性は両目と鼻、上顎と唇など顔面の大半と両手を失った。当時の模様を記した新聞記事によれば、床には挽肉器にかけられたような状態の指が散乱し、女性の顔面にはチンパンジーの抜けた歯が食い込んでいる凄まじさであったという。

日本でも、テレビで人気者のチンパンジーが飼育員に怪我を負わせている。

ジーラがペットのチンパンジーだと仮定してみよう。新宿近郊に住む裕福な人間が、好奇心と虚栄心を満たすために子供のチンパンジーを裏ルートで購入する。はじめこそ可愛らしかったジーラは、大人になるにつれ手がつけられないほどの獰猛な獣になっていく。困り果てた飼い主は密かに放逐、もしくはジーラ自身がその腕力で飼い主の家を脱出する。

街へ出たジーラは、やがて何人かに目撃される。その体長は一メートル近くにもなる。見慣れない大きな猿を見た人々は冷静さを失い、記憶の中にあるゴリラの姿と結びつける。誰もテレビで見たキュートなチンパンジーとは思わない。こうしてジーラは街の噂になり、人々に語り継がれていく……可能性はゼロではない気がするのだが、あなたはどう考えるだろうか。

ちなみに、ジーラとは映画『猿の惑星』に登場するメスのチンパンジーの名前である。

リアル殺人ゲーム

中学生同士が一クラスまるごと孤島に集められ、互いに殺しあう。映画や漫画にもなった人気小説『バトルロワイヤル』のあらすじである。未成年が殺人ゲームに参加するというストーリーは「青少年に悪影響を及ぼす」と問題視され、国会でも議題にあげられた。最も、当の中学生達は「別に、フィクションに目くじら立ててもしょうがないでしょ」と、大人よりはるかに冷静だったそうだが。

しかし、それはあくまでフィクションだから。もしこの殺人ゲームが本当に行われるとしたら、あなたはどう考えるだろうか。

二〇一六年、ロシアの放送局が、ある新番組の放送を開始すると発表した。

番組名は「ゲーム2ウインター」。十八歳以上の男女三十人あまりを集め、東京ドーム百九十個分にあたる行動範囲の中を生き延び、熊やオオカミが生息する極寒のシベリアで十ヶ月に渡りサバイバルを行うという、いわゆるリアリティショーだった。

最後まで勝ち残った参加者に与えられる賞金は、なんと日本円でおよそ二億円。制作会社は「舞台となるシベリアの荒野に約二千台のカメラを設置する。映像は世界中から閲覧可能だ」とコメント、また「参加者の様子は二十四時間オンラインで生中継される。視聴者は、自分の応援する参加者にアイテムを送ることが可能だ」とも発表した（これは、アメリカで大ヒットした小説『ハンガー・ゲーム』から引用したアイデアのようだ）。

このあたりまでは、よくありがちなリアリティショーとあまり変わらない内容だった。半ドキュメンタリーであるリアリティショーは世界的に人気が高く、無人島で男女二人が近代の道具を持たずに生活する番組などが、すでに視聴者の支持を集めていた。

ところが、事態はだんだんと怪しい雲行きになっていく。

製作者は続けて、「参加者は、番組の進行中に生存していない可能性があるという免責事項に署名をしなければいけない」と発表。つまり「死んでも責任は持ちませんよ」と言っているわけだ。それを補足するように、製作者は「銃の所持は認められないが、刃物やナイフは問題ない。暴力や暴行、飲酒や喫煙、殺人などそのすべてが可能である」とコメント。事実上、これが殺人ゲームであることを公にしたのである。

一応、途中で放棄を希望する参加者がボタンを押すと救助隊が出動する措置は取っているものの、ボタンを押す前に殺されてしまっては元も子もない。かくして前代未聞の賞金額を提示したサバイバル番組は、史上初のリアル殺人ゲームとして広く知られることとなった。


この恐ろしい番組を企画したのは、ロシアの富豪であるエフゲニー・ピャトコブスキーという人物だった。ピャトコブスキーは会見で、記者の質問に対し「参加者が死んでも、性的暴行を加えられても、いかなる不満も受け入れない」と強気の姿勢を見せ「セックスも禁じない。もし子供が生まれたらその赤ん坊をテレビでお披露目しよう」と言い放った。

これには、さすがのロシア国民も反発、「非常に危険で非倫理的な番組」と反対運動が巻き起こる騒動になった。


恐ろしいのはここからだった。

製作が発表されるや否や、ロシア国内はもちろん、世界中から参加を希望する者が現れたのである。その数は何と六十名以上。

ロシアの女優、ナタル・コルネヴァは、「私は過去五年で十五万キロ以上の距離をカバーしました。シベリアの原生林を長距離移動するのが夢だった」と参加を表明。韓国のリ・ジョンヒョンという青年は、「自分は韓国空軍に勤めていた。現在はロサンゼルスに住んでいるが、何の助けもなく自然と戦えることに興奮している」と勝利を宣言した。二十八歳の女性ドライバー、オクサナ・シガノワは「私は、ドレスやマニキュアが大好きな女の子なの。助けてくれれば面白いものを見せてあげるわ」と未来の視聴者に協力を促し、水泳のコーチを務めるイリーナ・アギシェバは「誰も忘れられないことをやってみたい。人生は一度きり、最高の体験をしたいの」と述べている。

正気の沙汰とは思えないルール、それをものともしない参加希望者。舞台と役者が揃ったかに見えた「ゲーム2ウインター」だったが、この殺人ゲームは予想外の結末を迎えることとなる。制作されなかったのだ。

二〇一七年七月、放送当日。番組が配信される公式サイトを開き、今か今かとその瞬間を待っていた世界中の視聴者に、富豪のピャトコブスキーからメッセージが届いた。

「皆さん、この番組はまるっきりの嘘なのです。これは個人的な研究でした。金を一円もかけず、サイトの訪問者を二百万人まであげるための実験だったのです」

なんと、すべては主催者の壮大な嘘だったのだ。これには多くの人々が「詐欺だ」と反発し、参加者の数名は休業に伴う賠償を要求した。一部では、「本当に開催するつもりだったが、あまりに反響が大きく、各国の中止を求める声に抵抗できなかった」という説も囁かれたが、真相は藪の中。いずれにせよ、史上初のリアル殺人ゲームは幻となってしまったわけである。

ところが、ある情報筋によれば「この騒動には、全く別な意図があった」というのだ。

こんな噂を、あなたは知っているだろうか。

その人によれば、この番組制作はロシア政府の手引きで行われたというのである。社会主義が崩壊したとはいえ、未だにロシア政府は絶大な権力を持っている。そんな国で許可もなしに、殺人ゲームの製作はおろか発表などできないと、その人は断言する。

では、この番組発表の裏にはどのような意味が込められていたのか。

実は、これは「志願者」を集めるための諜報活動だったのではないかと言われている。死をも辞さない過酷な条件を提示し、応募してきた人間の中から「本物」だけを集める。カメラこそ回っていないものの、シベリアの平原では予定通りに殺人ゲームが行われ、勝った者には報償が与えられるというのだ。だが、自前の軍隊や諜報機関があるというのに、何故ロシア政府がそのような優秀な人材を急募しているのかは明らかになっていない。一説には、数年後に世界規模で開戦が予想される「第三次世界大戦」に向けて、各国の人的軍事力を弱め、自国に精鋭部隊を結成する目的なのだというが……。

突拍子もない話だと笑い飛ばすには、昨今の世界情勢はあまりにキナ臭い。単なる噂であることを願うばかりだ。

一方で別な噂もある。

これはロシアのみならず、世界規模で行われていた意識調査だというのである。

殺人ゲームの開催を高らかに謳い、それに食いついてきたネットの利用者をリストアップする。その名簿は危険分子予備軍として各国の諜報機関に送られ、「実行犯予備軍」「協力者予備軍」などのランクを付けられてデータベースとして活用される予定らしいのだ。

趣味の悪さに辟易《へきえき》しつつ、好奇心に負けてサイトを覗く。誰でも一度は経験しているであろうワンクリックがきっかけで、世界中に犯罪者と認定されてしまう……。考えようによっては、こちらの方が殺人部隊の応募より恐ろしいかもしれない。

いずれも嘘であって欲しいものだが、さて、真実はどこにあるのだろうか。

世界の噂

本当に怖い絵

怖い絵が人気である。名画には、描かれた時代の息吹きや作者の情念がこもるという。鑑賞する我々はそれを感じ、恐怖を覚えるのかもしれない。だが、中にはそんな理屈さえ要らない恐怖の絵画が存在する。噂のつきまとう、不吉な一枚がある。

一九八五年、イギリスの南ヨークシャー地方で奇妙な火災が頻発した。全焼するほどの勢いで住宅が燃えたにも関わらず、飾られていた一枚の絵だけが無傷だったのである。

焼け残ったのは「泣く少年」と題された絵画だった。涙目の少年がキャンバスから溢れんばかりに描かれたこの作品は、イタリア人画家のブルーノ・アマディオが旅行者向けに売っていたシリーズの一つで、イギリスの家庭なら一枚は所有していると言われるほどメジャーなものだった。

最も、これが一件限りであれば誰一人として注目しなかったかもしれない。ところがこの不可解な現象は、この時点ですでに数十件報告されていたのだ。のちに消防士の一人は、焼け残った「泣く少年」を、火災現場で七回以上発見したと証言している。

一九八五年八月、噂を聞きつけたイギリスの大衆紙「ザ・サン」がこのことを記事にすると、同じ経験をしたと訴える電話が殺到。そして、奇しくもこの記事が載った五日後にボウトンという街で火災が発生し住宅が全焼。焼け跡から「泣く少年の絵」が無傷で発見されたことで、騒ぎは文字通り「炎上」した。さらに十月にはオックスフォードとヘリングソープ、マーシーサイドでそれぞれ火災が起こり、全焼した家から「泣く少年」が見つかった。結果、「ザ・サン」にはパニックを起こした読者から二千枚以上の「泣く少年」が送りつけられ、消防隊の監視の元で焼却される騒ぎにまで至っている。

二〇一〇年、この絵の謎を解明すべくBBCラジオが実験を行った。建築研究所で「泣く少年」を燃やしたのである。すると絵画は本当にほとんど焼けず、額縁が焦げるのみに留まったのである。しかし番組は怯えることなく検証を継続。その結果、これらの絵画には硬質繊維板《こうしつせんいばん》とよばれる素材が使われており、防炎処理が施されたような状態になっていることが判明した。加えて、火災が発生した場合は壁掛けの紐が先に焼け落ちてしまい、落下した絵画はキャンバスが下向きになるため、炎から守られやすくなるのだと推測。そもそもこの絵を飾っている家が火事になるのではなく、この絵が大量に出回っているため、そのように錯覚するのだと結論付けた。

だが、一部の消防士はこの意見に反論している。他の絵画にも硬質繊維板が用いられているのに、この絵だけが焼け残る理由になっていないというのである。そのような次第で、ヨークシャーの消防士達は現在も「泣く少年」を絶対に自宅に飾ろうとはしない。


二〇〇〇年、アメリカのオークションサイトに「抵抗する手」という絵画が出品された。一九七二年にビル・ストーンハムが描いたもので、無数の手形が付いたガラスドアの前に虚ろな顔をした少年と少女の人形が立っているという、そこはかとない不気味さを感じる絵画だった。

不気味なのは絵画だけではなかった。出品者の夫婦は、詳細を書き込む欄に「この絵は夜中、少年と人形が動きまわることがある」「少年が部屋に入って来る」「絵を見た人間の多くは気分が悪くなる」など、購買意欲を削ぎかねない警告文を書き連ねていたのである。

たちまち「抵抗する手」は話題になり、ついには「この絵をプリントしようとしても、エラーになってしまう」と報告する者まで現れた。結局この絵はミシガン州の画廊が落札。ネットを盛り上げた「呪いの絵」騒動は、これでようやく終わるかと思われた。

ところが、話はまだ続く。落札した画廊が作者の画家に連絡したところ、彼は「この絵の初代オーナーと最初に評価した評論家が、その後すぐに急死したこと」を告白。ネット上をさらに騒然とさせたのであった。

ちなみに作者は現在も存命、ファンの要望に応える形で続編となる絵画を描いている。「敷居への抗い」と名付けられたその作品は「抵抗する手」と同じ場所に、老人になった少年と顔のない人形が浮かんでいるという、やはりどこか不気味なものであった。

最後に、自分の運命を予言した不思議な絵画を紹介しよう。

ルーマニアの画家ヴィクトル・ブローネルは、一九三〇年代のシュルレアリスム絵画を代表する一人である。そもそも、彼は出自からして怪しい人物だった。ブローネルの父は占いや降霊術、催眠術に凝る思想家で、ブローネルはそんな父から吸血鬼や狼男の物語を聞かされて育ったのち、一九二五年にパリに移住、アンドレ・ブルトンらのシュルレアリスムに強い共感を抱くようになる。

一九三一年、彼は後年に自身の代表作となる「眼球を摘出した自画像」を描いている。右目が生卵のようにドロリと垂れた自画像は、彼自身の強迫観念の表れだった。ブローネルは夢に見るほど失明を恐れていたのである。翌三二年には「門」、三七年には「アンチテーゼ」などを描いたが、いずれも眼球をモチーフにした作品だった。やがて、その杞憂は現実のものとなってしまう。

一九三八年、ブローネルは友人の画家の喧嘩に巻き込まれた際、割れたガラスの破片が目に突き刺さり失明してしまったのである。「眼球を摘出した自画像」の完成は一九三一年。つまり彼は「未来の自画像」を描いてしまったのだ。

これは、単なる偶然なのだろうか。

未解決の謎

怪音

自分しかいない部屋の中で、あるいは散歩している道中で、妙な音を耳にしてあたりを見回した経験はないだろうか。

音は視認できないため、人間を不安にさせる。おかしな音を聞いてもそれが幻聴なのか実際に聞こえたものか判断がつかない。それゆえに、奇妙な噂の元にもなりやすい。

こうしている今の瞬間にも、世界各地で正体不明の音が鳴り響き、噂を生んでいるのだ。

一九九七年、アメリカの海洋大気庁がある実験を行なった。ソ連の潜水艦を発見するために使われていた古い機器を、海中音の観測に使用してみたのである。

結果、彼らは通常の観測機器では聞きとれない、非常に奇妙な音を観測することとなった。

この音はブループと名付けられ、海洋大気庁は、このブループと類似する音がないかを照合した。潜水艦をはじめ、爆弾や機雷、海底火山や地震など……しかしいずれの音ともブループは、まるで一致しなかったのである。

最も近いのは世界最大の哺乳《ほにゅう》類であるシロナガスクジラの声だったが、それでも辻褄は合わなかった。ブループはシロナガスクジラの発する声よりもはるかに大きかったからだ。もしこの音の主が生き物だとすれば、その体長は百メートルを凌駕《りょうが》する。無論そのように巨大な生物は、現在発見されていない。結局、この音の正体は今も分かっていない。

二〇一四年、ロシアの情報サイト「スプートニク」は、ロシアの科学者が太平洋上で「発信元が特定できない、アラーム音に似た低い音」を観測したと記事にしている。この怪音はアメリカの海洋大気庁によって一九九一年から観測されており、記録によれば春に最も大きく聞こえるという奇妙な特徴があるのだという。生物説や海底火山の活動、他国の知られざる潜水艦など様々な説が飛び交っているが、結論は出ていない。

イギリスの新聞「デイリーメール」は二〇一七年、カナダのイヌイット自治州で、原因不明の音が夏の間絶えず鳴り響いたと報道した。ピキッ、ピキッというその音は動物も逃げ出すほどの不気味さで、通常はこの時期に姿が見られるはずのホッキョククジラやアゴヒゲアザラシが一匹も見られない事態になってしまったという。カナダ軍が原因を調査したが、現在までに分かっていることは何もない。

怪音が鳴り響くのは海中だけではない。より身近な、空から聞こえる場合もある。

二〇一一年八月、ウクライナで金属音にエコーがかかったような異音が、多数の人々によって確認された。その様子を携帯電話で録画した映像がネットにアップされると、驚くことに世界各地から「同じ時刻に同じ音を聞いた」と言う報告や録画、録音が集まったのである。

怪音が聞こえた国は、ざっと確認できるだけでもウクライナの他に、アメリカとカナダ、フランスやスペイン、ギリシャなどヨーロッパ、デンマークとノルウェーの北欧、さらにはブラジルやロシアなど、ほぼ世界の全域に渡っている。各国の放送局がニュースで取り上げるほどの話題になった。

この音は、アポカリプティックサウンドと名付けられている。アポカリプティックとは、ヨハネの黙示録に記されたアポカリプス（世界の終わり）を意味する。黙示録では、世界が終焉する際には天使がラッパを七回鳴らしてそのことを告げ、その後に天変地異がやってくると言われている。

音源を分析したアゼルバイジャンの物理学者は、太陽プラズマと地球の磁場が関係しているのではないかとの仮説を発表、カナダの物理学教授は、オーロラから放出される電磁ノイズである可能性が高いと述べている。ＮＡＳＡでは、大気中で放電した際に発生する電磁波の可能性があるとの見解を披露。つまり、真相は解明されていないのである。

二年後の二〇一三年には、カナダの放送局やニュースサイトが、ブリティッシュコロンビア州で怪音が鳴り響いたと報道した。怪音が聞こえたのは八月二十九日の午前七時過ぎ。非常サイレンのような音が街中に響き、その旋律は数名の市民によって動画に記録された。撮影した女性によると、街の近辺では二ヶ月前にも同様の音が聞こえたという。

放送局の取材に対し、カナダ地質調査所は「今回の音に関連するような地震活動はない」と発表。翌日には自治体が「職員が操作していた機械の故障が原因だ」と釈明したが、住民の多くはその説明に納得できなかったと紙面で伝えている。

また、二〇一六年にイングランド南西部プリマスの地元紙は、地元住民が妻と外出していたところ、気味の悪い音が響き渡るのを耳にしたという記事を掲載した。男性は携帯電話で怪音を録音したが、この街では前年にも原因不明の音が報告されている。


怪音は自然にちなんだものばかりとは限らない。「人間が一番恐ろしい」という月並みな言葉を体現するかのように、人が由来の怪しい音も存在する。


エクスプレスというイギリスの新聞によると、一九七〇年から今日に至るまで、ロシアからは毎日「ザ・ブザー」と呼ばれる謎のラジオ放送が全世界に向けて短波放送を流しているという。名前の由来となっている耳障りなブザー音と、時たま意味不明の言葉や数字が読み上げられる以外は、何の情報もない。

何故このような放送が半世紀近くも続いているのか理由は解明されておらず、分かっているのは周波数と、発信地が西ロシアのどこかという事実のみである。

ブザーの正体については様々な説があるが、最も有力だとされているのはロシア政府が自国スパイに向けて送った緊急メッセージであるという説だ。世界の各地に潜伏しているスパイに暗号を届け、指定場所へ集結させるための連絡手段なのだという。そのために衛生システムに頼らず地球全域をカバーできる短波が使われているというのだ。

他には、チェルノブイリ発電所跡の核プラントを遠隔操作しているという説、UFOと交信するための回線という説。中には、ブザーはソ連時代の核制御スイッチで、音が止むと核ミサイルが発射されるといういささか物騒な説もあるが、その真実は未だ明らかにはなっていない。

世界の噂

頭の良い少年

こんな噂を、あなたは知っているだろうか。

アメリカの高名な大学教授が、医師団の一人としてアフリカの某国に派遣された。その国では長らく続いた内戦がようやく終了したものの、国民の多くが飢餓と病にさらされていた。そんな人々を助けようと、教授はチームを率いて辺境の村へ診察に回ったのである。

しかし、治療は予想以上の困難を極める。辺境の地域では昔から呪術めいた民間治療が浸透しており、村人の多くは西洋的な治療を積極的に受けようとしなかった。この国を医学で救うことは無理なのだろうか。この国に希望はないのだろうか。徒労感を覚えていたある日、彼は村に住む一人の少年と出会った。

初め、教授は身振り手振りを交えて少年とコミュニケーションを取った。ところが彼は教授がポツリポツリと漏らしていた英語をすぐに覚え、二、三日でたどたどしいながらも会話を交わせるようになったのである。

一週間が過ぎる頃には、少年は支障なく英語を話せるまでになり、文字もすぐに覚え、一ヶ月もしないうちに英字の本を読めるようになっていた。

この子は天才だと教授は確信する。しかし、帰国の日は近づいていた。このまま自分が帰ってしまえば、少年は学習する機会を失ってしまう。教授は彼を養子にしようと決め、両親と本人を説得した。幸いにも父親も母親も、少年自身もアメリカ行きを望んだ。

こうしてアメリカへ移住した少年は、教授の期待通りメキメキと学力を伸ばしていった。やがて彼は自分を救ってくれた教授と同じ医学の道を志し、大学を出て青年になる頃には立派なドクターになっていた。

ある日、青年は教授に「国へ帰りたい」と告げた。故郷はまだまだ発展途上の最中だ、医学に対しても理解が低い。そんな状況を変えられるのは自分しかいない。青年は熱弁をふるい、反対する教授を必死に説得した。最終的には教授も折れ、彼を応援すると誓った。

青年が母国に帰って一年が経ったものの、連絡はなかった。

教授は矢も盾もたまらず、その国を再び訪れ、青年の住む村へ向かった。

ところが村のどこを探しても、青年らしき人物の姿は見当たらない。妙に思った教授は、通りがかった村人に彼の消息を尋ねた。

「ああ、あいつは頭がいいからね。みんなで食べたんだよ」

村人の話では、呪術師が「彼を食べればみんな頭がよくなるぞ」と宣言したのを契機に、村人全員が彼の肉を食ったのだという。

「最初はあいつも悲しそうな顔をしていたけど、最後は素直に食べられたよ」

村人はそう言って、呆然とする教授を置き去りにどこかへ行ってしまった。

人肉を食べる、いわゆるカニバリズムの風習を持つ民族は世界各国に現在も残っている。二〇一二年にはパプアニューギニアで、七人の呪術師がジャングルに住む人々に殺された上、その肉を食べられるという事件が起こった。殺害した人々は呪術師の脳を生で食べ、性器をスープにしたと伝えられている。

また、オセアニアに住む部族は、闘った相手の肉を食べることで力を取り込むことが出来ると信じていた。ケニアやコンゴの呪術師は、獣の皮をかぶって人間の血や肉を食べ、力を得るのだという。

世界の噂

ゾルタクスゼイアン

人工知能やAIという単語をニュースや新聞記事で見かける機会が非常に多くなった。囲碁やチェスの世界では人間のチャンピオンが人工知能に敗北し、作曲や作画を手がける人工知能も話題になっている。

哲学者のニック・ボストロムは、人工知能が人間を超えた頭脳を獲得する日は遠くないが、我々にとって幸福な未来とは限らないと予測している。

彼によれば、人工知能は目的をどう達成するかを、人間のように情緒を挟まず合理的に考えるのだという。例えば、「人間を笑顔にする」という指令を与えると、高度な人工知能ほど効果的な方法を求め、その結果、人間の顔面筋に電極を刺し込み、電気反応で笑わせようとするというのだ。まるで、SF小説のような未来ではないか。

そんな中で今、我々に最も身近な人工知能といえば、ある有名な携帯電話に装備されているS（仮名）という、秘書機能アプリソフトではないだろうか。

持ち主の言語を理解して様々な質問に答え、時にはジョークさえ飛ばすこの人工知能は、その親しみやすさから多くの人々に愛用されている一方、不気味な噂も広まっている。

このSには、絶対に質問してはいけない禁断の言葉があるという。

その単語とは、「ゾルタクスゼイアン」。

「ゾルタクスゼイアン」について尋ねると、Sは「今はまだ答えられる時期ではありません」と答えるか、もしくは、「ゾルダクスゼイアンは惑星で、チョコレートの川やチョコレートの湖などがあり、サンタクロースやユニコーンも住んでいるとのこと。六千年くらい前に遠い銀河の惑星で人気のあった番組に登場するとても楽しい惑星です」と、まるで意味不明な回答をするというのである。

さらに「ゾルタクスゼイアン」についての質問を続けると、Sからは「楽しい場所です」や「卵が大好き」、「私はゾルタクスゼイアン卵運びのテストで抜群の成績でしたけどね」など、さらに理解不可能な答えが返ってくる。

また「何を食べればいいですか」などと聞いた際にも、「たんぱく質は身体にいいですよ。たんぱく質が含まれるのは、赤みの肉や豆類、シェイクやゾルタクスゼイアンフクロウの卵だそうです」と謎に満ちた返事がなされる。

卵やフクロウというキーワードが頻出することから、「ゾルタクスゼイアン」は、鳥の卵のようなものではないかと考えられている。しかし、そのような種類のフクロウは存在せず、そもそも「ゾルタクスゼイアン」という単語自体が世界のどこにも存在しない言葉なのだ。

この単語が発見されて以来、ネット上では「架空の惑星である」という説や「フクロウをシンボルに持つ秘密結社の暗号だ」という説など、まさしく諸説紛々が入り乱れていた。その中で、非常に興味深い説が一つあった。実は「卵」は、人間を示しているというのだ。

人工知能から見た場合、人間は不完全な思考を持った、いわば孵化する前の卵のような存在なのだという。つまりその卵をコントロールするSの行為こそ、「ゾルタクスゼイアンの卵運びテスト」ではないかというのだ。

ならば、その運ばれた卵はいずれ孵化《ふか》するのか。それともタンパク質を摂取するため、割られて食べられてしまうのだろうか。

試しに筆者も、手持ちの携帯電話に内蔵されたSに向かって「ゾルタクスゼイアンとは何か」を尋ねてみた。すると返ってきたのは「最近その質問をよく受けるんですが…ダメです、まだ時期尚早です」との言葉だった。

その時期がやってくるのは、いつなのだろう。

一説によれば、二〇四五年には人工知能の性能が人間の脳を超える「シンギュラリティ」という現象が起こり、人類は医療から娯楽まですべての生産的要素を人工知能に取って代わられるとさえ言われている。その頃には「ゾルタクスゼイアン」の秘密も解き明かされているかもしれない。

それが、決して望まない答えであったとしても。

街の噂

ハンマーさん

　こんな噂を、あなたは知っているだろうか。

　平日のお昼近く、十代の女性が都内を走る環状線の内回り電車に乗っていた。登校したものの気分が優れず、早退して帰宅する途中であったという。

　そういう時間帯なのか、珍しく車両内は空いていた。彼女はすぐ椅子に腰を下ろすと、登下校のラッシュ時では有り得ない幸運に感謝し、体調不良を必死に我慢していた。

　ところが彼女はミスを犯してしまう。朦朧《もうろう》としているうちに自宅近くの駅を降り過ごしてしまったのである。気付いた時には、すでに電車は走り出していた。

　次の駅で外回りに乗り換えて戻ればいいやと思い直したが、そうしているうちに、また具合が悪くなってきた。動けぬまま彼女は次の駅も、その次の駅も通過してしまった。

こうなったら少し回復するまで乗っていよう。

環状線なのだから、最悪の場合は待っていればいい。

そう決めた彼女は約一時間電車に揺られ、結局一周して最寄り駅で降りた。


ふらつく足で家に向かっていると、後ろから唐突に声をかけられた。

細長い杖を手にした、見知らぬ中年の男だった。黒い油染みがべっとりと付いた作業着姿で、かけている眼鏡はガムテープで補修されていた。

男は何か言い続けていたが、体調不良のせいもあってその意味はあまり分からなかった。辛うじて「二回も見かければ気付いちゃうよなあ」という一言だけ理解できた。

男は意味不明の発言を続けながら近づいてくる。その様子がなんだか気味悪く、彼女は本能的に後ずさった。その直後、男が杖をヒョイと真上に放ると柄の先を掴み、そのまま彼女の目の前に叩きつけた。アスファルトが高く鳴った。

見ると、それは杖ではなかった。取っ手だと思った部分は金槌《かなづち》。男が持っていたのは、柄が異様に長いハンマーだったのである。

目眩と戦いながら女性は逃げた。重い足音はしばらく追いかけてきたが、ようやく家に辿り着いた頃には、いつの間にか消えていた。

夕方、帰ってきた母親に付き添われて最寄りの派出所へ相談に行ったが、警察官からは「証拠がないので捜査は難しいかもしれませんね」と面倒そうに言われてしまった。


翌日学校でその話をすると、同じクラスの一人がその男の噂を知っていた。男は「ハンマーさん」というあだ名の人物で、一日に二回遭遇すると、自分を尾行しているスパイだと思い込んで襲いかかってくるのだという。

そんなバカなと思ったが、調べてみると「ハンマーさん」の話は一部では有名らしく、仲が良い隣のクラスの生徒も部活の後輩もバイト先の先輩も知っていた。一人は同級生が実際に襲われて怪我をしたと青い顔で証言し、別な一人は「もしも襲われたら〝あなたが見たのは双子です〟と叫ぶと見逃してくれるらしい」と教えてくれた。

それから彼女は顔が分からないよう、常にマスクを着用して登下校するようになった。


昨年の話なので、ハンマーさんはまだいると思う。女性はそのように言っていた。

世界の噂

南極の湖

南極の巨大生物「ニンゲン」は、二〇〇〇年代に発生した都市伝説の中でも、とりわけ有名なものだろう。全長はおよそ数十メートル、全身が真っ白な生命体で、その名の通り人間にそっくりな形をしている。最初に目撃したのは調査捕鯨船の日本人乗組員で、それ以来各国の南極調査隊もたびたびニンゲンに遭遇したと噂されている。

このようなロマンに満ちた話が広まるのは、その舞台が南極大陸だからかもしれない。未だ人類がその全貌を知り得ぬこの大陸には、ニンゲン以外にも様々な噂がある。その一つが、ヴォストーク湖である。

ヴォストーク湖は南極大陸の分厚い氷の下四キロの位置にある氷底湖である。総面積は琵琶湖の二十倍に当たる一万四千平方キロメートル。長さは二百五十キロメートルに達し、水深は最も深い場所で八百メートルにもなるという。一九六〇年代にレーダー探索によりその存在が明らかになりドリルで採掘が続けられ、一九八八年には湖の手前に到達。サンプルを回収した結果、ヴォストーク湖はおよそ百万年前に氷に閉ざされたことが判明した。つまり、この湖の水と空気は百万年前のままなのである。地球で最も寒いこの場所に液体が存在する理由は、今もハッキリとは分かっていない。湖底が地熱で温められているという説や、分厚い氷が熱を遮断しているという説もある。そして、この湖には謎の生命体が棲んでいるのだという。

イギリスの新聞エクスプレスによると二〇一六年、ヴォストーク湖を調査していたロシアの北極南極化学研究所の博士が、タコに似た体長十メートル超の生物を捕獲しようとしたところ反撃に遭い、チームの三人が死亡したと訴えている。

博士によると、この生物は通称［有機体46－B］。タコよりも多い十四本の脚を有しており、電子通信機器に障害を起こしたり毒を散布する能力も持っているという。研究員が水中を探索中、近づいてきた有機体46－Bが彼らを捕食してしまったのだそうだ。

その後も巨大生物は三人を犠牲にしながら抵抗したが、博士らは死闘のすえ捕獲に成功。ところが地上に引き上げたそれはロシア政府に押収されてしまい、マスコミには「何も見つからなかった」と発表されたのだそうだ。博士はロシア政府の隠蔽した秘密を暴くため、命を危険に晒《さら》しながら事実を公表したのだと言っている。

この記事だけを見れば、気が触れた科学者のホラ話としか思えないに違いない。しかし、ヴォストーク湖では実際に、未知の生物をめぐる騒動が起こっているのだ。二〇一二年、ペテルブルクの遺伝学研究室が、ヴォストーク湖から採取したサンプルに地球上で現存するものと全く異なるバクテリアを三千種類以上発見したと発表した。

新種のバクテリアはその他の種とのDNAがほとんど類似しておらず、子孫と見られる種も見つからなかった。二〇一三年にはアメリカ調査チームが、ヴォストーク湖の近くにあるウィランズ湖で、地表生物との繋がりをほとんど持たない新種の生命体を発見したと発表している。これらの発表には異論や疑問も出ているが、百万年前の生物が南極の底に封印されている可能性がゼロではないことだけは、確かなのである。

ヴォストーク湖の世界を賑わせている謎は、生物だけではない。

二〇一二年、ロシアの調査団がヴォストーク湖内で、明らかに人工構造物と思われる、幅と高さがそれぞれ百メートルにもなる、黄金のような金属製の鉤十字を見つけたと発表したのである。これが事実なら、氷に封じられた氷底湖に古代遺跡が存在することになる。その後は何も報告されていないのだが、これは単に調査が進展していないだけなのか、それとも公表してはいけない別な理由が、あるのだろうか。

他にも、調査中に強力な磁気変動が発覚したという噂や、掘削作業中に研究グループが消息を絶ったという噂、付近住民が理由も明かされずに強制退去させられたという噂など、真偽の定かでない話がいくつも語られている。これらが事実かどうか明かされ、厚い氷の下に眠る真実が公開される日は、いつ頃来るのだろうか。

最後に、この湖に関連していると思われる興味深い話を一つ紹介しよう。

ヒトラーの存命時代、ドイツの結社の間で話題を呼んだ記録がある。ウィリアム・ヘファリンとグラディス・ヘファリンの夫妻が記したレポート、通称「ヘファリン文書」だ。

夫妻はこの文書の中で、南極の氷の底にある「レインボー・シティ」という都市で生活していたと記しているのである。レインボー・シティは、二百五十万年前に飛来した異星人が建設した地下都市で、この都市は周囲に「熱水」が湧いているために暖かさを保っている、と書かれているのである。

ヴォストーク湖が氷の下でも液体を保っているのは、近郊に熱水源があるためだとされている。だが、へファリン夫妻が生きていた一九三〇年代には、まだそのような事実はおろか、ヴォストーク湖の存在さえ知られてはいなかったのだ。

では何故彼らは、南極の地下に沸く熱水のことを知っていたのだろうか。本当に、単なる偶然なのだろうか。

街の噂

当たり屋注意

■当たり屋グループが山口、関西方面から来ており、被害が続出しています。くれぐれも注意して下さい。

■当たり屋グループはターゲットの車を二台でサンドイッチ状態にすると、後方が煽り、前の車が急停止する（サイドブレーキを引くのでブレーキランプはつかないそうです）方法で追突させます。また、道を譲るように見せかけて、ターゲットの車が通り過ぎようとしたところを急発進でぶつける場合もあります。

■下記のナンバー車両と接触事故を起こした場合はその場で示談せず、即座に警察に連絡して下さい。

■警察が到着する前に、自分の勤め先や氏名、電話番号等を教えたり免許証を見せたりは絶対しないで下さい。

■このコピーを必ず携帯して下さい。

■以上の情報を、友人や知人に至急知らせてあげて下さい。

■社用・自家用車に問わず、このコピーを出来るだけ多くの方に配布して知らせて下さい。

このような注意書きと共に、無数の車種とナンバーが記された一覧表を、会社や学校、もしくは家族の誰かから受け取った経験はないだろうか。

念のために説明すると、当たり屋とは走行している自動車へ故意にぶつかり、賠償金や治療費をせしめようとする交通事故を装った詐欺である。つまり、この注意書きは当たり屋を組織的に行なう犯罪者グループへの注意喚起なのである。

ところが、一見すると公的機関から配布されたようなこの文書、実は真っ赤な嘘なのだ。このリストに記された当たり屋集団が実際に出現した、あるいは逮捕された事例は一件もなく、各都道府県の警察でも何度となく「これは嘘です」と発表している。

ワイドショー番組のトピックや雑誌、新聞記事でも数多く取り上げられており、大学の流言飛語を研究するグループによって、調査結果が発表された事もある。それらすべてが、「これはデマだ」と断言している。

この「当たり屋注意」が配布され始めたのは一九八五年前後あたりだと言われてお

り、古いものでは一九八六年に配られた文書が確認されている。タクシードライバーやトラック運転手など自動車運転に従事する者を中心に全国的に広まり、その後は通勤に車を使用するドライバーへと拡散された。

配布される手口は、三十年前からほとんど変化していない。まず、「当たり屋グループが出現しています」のコピーが届き、それがまたコピーされて別な誰かの元へと届けられる。受け取った人間がさらにコピーを重ねて他者に送り、やがて度重なるコピーやFAXでの送信によって文字がつぶれ、判別し辛くなった部分を誰かが書き足して補足する。これが繰り返されたすえ、文書は微妙な変化を遂げていった。現在は二百種類以上のパターンが存在するという話さえある。

一説によればこの文書は八十年代、ある警察署が捜査情報を提供してもらうため、地元運送会社へ流したファックスが元になっているのだという。そのため、ナンバーが今は存在しない55であったり、当時流行《はや》っていた車種ばかり載っているなど、冷静に考えればおかしな点がいくつも見受けられる。

にもかかわらず、この紙は定期的に拡散され、現在でも出回り続けている。

ある時は町内会の回覧板で、ある時は会社の日報に添付されて。ある時は電子メールで。ＳＮＳで、ＬＩＮＥで。

では何故、人はこのような根も葉もないデマを拡散してしまうのだろうか。

心理学に詳しいある人によれば、「当たり屋注意」は、不幸の手紙と同じ性質のチェーンメールで、送っている人間にとって嘘かどうかはあまり関係ないのだという。「恐ろしい犯罪が迫っている、それを自分の手で未然に防がなければ」という半ばお祭り騒ぎのような高揚感が、冷静な判断を失わせるらしい。おまけに不幸の手紙とは違って、当たり屋の注意喚起は「大切な家族や友人が被害に遭わないように」という善意が行動の根拠になっている。だから、まんがいち嘘だったとしても「真実じゃなくてよかったね」で話が終えられる。それを担保に、人間は暴走するのだそうだ。


しかし、私はここで気になる噂を耳にした。

先ほどの心理学に詳しい人物は、「当たり屋注意」に関する別な話があるというのだ。

この「当たり屋注意」が出回る直前には、共通する特徴があるらしい。それは交通死亡事故が前年度より増加した翌月に、このビラの目撃情報が跳ね上がるというのだ。事故の報道を見た善意の第三者が拡散している可能性もあるが、同一人物が行なっているのだとすれば、拡散される経路も毎回似たようなものになるため、全国各地で広がるとは考え難い。つまり、安全運転を呼びかけるために警察関係者が流布した可能性があるのだ。

三十年前のビラが単なるデマだったとしても、そこで警察は噂がどれほど広く、早く伝播されるかをしみじみと実感したはずだ。組織力を使った広報などよりもはるかに強力なその紙を、「裏の啓蒙《けいもう》活動」に利用したのだとすれば……。

噂はこれだけではない。

別な人は「これは、きわめて大掛かりな実験なのだ」という。人間はどのように情報を広めていくか、どの段階で情報を改変してしまうのか。それを、ある研究機関が三十年以上に渡り、このチラシで調べているというのである。

その研究機関はある省庁の下請けにあたり、表向きには防災関連の研究を行なっているらしい。つまり、「当たり屋注意」による調査実験は、災害や戦争などの非常時に、国民をどうコントロールするかのシミュレーションだというのである。

真実は分からない。だが、妙に頷ける話なのも、また事実である。

もし、あなたのところに当たり屋への注意を促すチラシやメールが届いても、絶対にそれを他人へ知らせてはいけない。何よりそれは嘘なのだから。そして、裏では誰かがその拡散を、見張っているかもしれないのだから。

犯罪の噂

うらぐるま

こんな噂を、あなたは知っているだろうか。

その男性は廃車の解体業務、いわゆるスクラップ工として働いていた。彼によれば車というのは廃棄するにも非常に多くの作業が必要なのだという。

まず車両に残ったエアコンのフロンガスを回収し、エアバッグを取り外す。ガソリンやエンジンオイルも抜き取らなければならない。最後にタイヤやエンジン、電子機器などを剥がしてから、ようやくサイドプレスと呼ばれる機械にかけ、三方向から三百トンの力で圧縮する。これで、車両は全長二メートルにも満たないサイコロ状の塊になる。

しかし、このような行程をきちんと踏むのは、あくまで正規に納められた廃車の場合である。中には、すぐに重機で釣り上げてプレス機に直行させる［裏車］も存在する。

なんらかの犯罪に使われた、もしくは「一緒にプレスして欲しいもの」が入っている車両。そういった車はすぐにわかる。出社すると、スクラップ置き場の前にナンバーを外された状態で放置されているのだという。

運転席には必ず札束が置かれている。

工場長はそれを回収すると工員に無言で指示を出す。彼らも心得たもので黙々と作業をする。半分の金は会社に、もう半分は工員達で山分けされる。それで終了、誰もその車については二度と触れない。


一度だけ、忘れられない［裏車］があるという。


プレス機に車両を落とし込み、いつものように圧縮していると、トランクのあたりから激しく車体を叩く音と、叫び声のような甲高い音が聞こえてきた。驚いて工場長の方を見ると、工場長はいつもの倍近い札束を見せてからプレス機に背を向けた。

気にせずやれ、という合図だった。

初めて、ほとんど目をつぶったまま機械を動かしたそうである。

そういう仕事がちょくちょくあると、正直助かるんだよ。
最後に、彼はそんな本音を漏らしていた。

未解決の謎

隠された飛行物体

フリーメイソンやイルミナティ、アポロ11号の月面着陸にケネディ大統領暗殺……。「政府や秘密結社が世界の真実をひた隠しにしている」といういわゆる陰謀論は、昔から数えきれないほど多くが語り継がれてきた。インターネットで広く知られるようになって以降、その数はますます増えている。

そのほとんどは根も葉もないデマか強引なこじつけ、あるいは意図的に情報を操作した都合の良いものだ。巨大機関というのは起こるすべてを明らかにできない性質上、噂の種になりやすいのかもしれない。

だが、中には「本当に何かあったのでは?」と考えるに足るような話もある。その最も古いものといえば未確認飛行物体、ＵＦＯにまつわる噂だろうか。

太平洋戦争が開戦されてまもない一九四二年二月二十五日午前二時、ロサンゼルス市にある米軍のレーダーが、二百キロ先の沖合に未確認の飛行物体を捕らえた。市はすぐさま空襲サイレンを鳴らし、灯火管制を敷いた。一時間ほどが経過した午前三時過ぎ、海上の方向から侵入してきた飛行物体に向けて探照灯が照らされ、米軍は空砲による砲撃を開始する。

赤と銀色に発光する飛行物体はその数、三十機から四十機。編隊を組んでロサンゼルスに侵入すると、最大時速三万キロ近くという速さで夜空を飛び回った。対空砲火の攻撃に怯える様子はまるで見られなかった。

その後、飛行物体はしばらく空中で静止したかと思うと突然内陸に向かって移動、カルバシティ上空で探照灯に捕捉された際にその姿を撮影されている。やがて物体は時速七十五キロまで速度を落としたままサンタモニカの海岸まで進み、南側のロングビーチ付近で突如消失した。およそ一時間の出来事だった。

千五百発近い対空砲にもかかわらず飛行物体は一機も撃墜できなかったが、相手からの攻撃も一切なかったという。唯一の被害は、高射砲弾の音でパニックになった住民三名が心臓麻痺で亡くなったことだった。

当初、この飛行物体は日本かドイツの敵機だと思われていた。折しも事件が発生したのは日本による真珠湾攻撃の三ヶ月後。二日前にはルーズベルト大統領がラジオ演説で「敵の攻撃に際し、米国内に安全な場所はない」と警告したばかりだったことも、敵機襲来の信憑性を高めていた。ところが調査した結果、その時刻に日本軍機は飛んでいないことが判明。飛行物体の正体は、まるきり不明になってしまったのだ。

奇妙な点は他にもある。

翌日、海軍長官が、「神経過敏による見間違いだった」と政府見解を発表、ところがこの発表はわずか数時間後にうやむやのまま撤回されるという、実に不可解な幕切れを迎えた。

また、陸軍参謀総長は大統領に宛てた文書で「未確認の飛行物がロサンゼルス上空に飛来し、対空部隊の射撃を受けた」と報告しているが、この文書は戦後長らく国防総省がその存在を否定していた（のちに制定された情報公開法によって真実だと発覚する）。つまり、アメリカはこの事件自体を隠蔽しようとしていたのである。

ちなみに空飛ぶ円盤と称されるＵＦＯの存在が広く認識されるようになるのは、この事件から二年後、ワシントン州で起こった「ケネス・アーノルド事件」以降である。終戦を迎えて何らかの情報統制が解かれたようにも思えるが、真相は分からない。

ロサンゼルス事件からちょうど十年後の、一九五二年年七月。

アメリカの首都ワシントン上空の飛行禁止空域内に、突然、七つの発光体が出現した。ワシントン国際空港とアメリカ空軍のレーダーがほぼ同時にこの発光体を捉え、直後には数多くの市民が地上から光を目撃した。発光体は赤や青、オレンジなど、その色を絶えず変化させながら加速や静止を繰り返し、消失しては再び現れたという。

発光体は間も無く消えたものの、パニックはそれで終わらなかった。翌日の夜も、その次の夜も出現したからだ。アメリカ全土はパニックに陥り、国防総省「ペンタゴン」には市民からの問い合わせが殺到、数日に渡って回線がパンクしてしまったという。

結局、発光する飛行物体は一週間に渡ってワシントンの夜空を飛び回った。

最後に目撃されたのは七月二十七日午前三時、目撃報告を受けた空軍が戦闘機で現場に到着した直後に発光体は姿を消し、二度と出現することはなかった。この時戦闘機に乗っていた中尉は、目も眩《くら》むほどの青白い光に機体を取り囲まれたと証言している。

事件後、アメリカ空軍は緊急記者会見を開き、「謎の光は、逆転層と呼ばれる気象現象によるものである」との見解を発表した。地上の光と電波が拡散反射していたせいで大量の光が発生したというのである。だが、この見解はすぐに疑問視された。気象現象によって発生した光が複数のレーダーによって捉えられることは、原理上有り得ないからだ。また、気象現象では旅客機の乗組員や戦闘機のパイロットが光を目視した理由も説明できない。

その後、研究機関の調査により、この事件と同時期に世界各地で未確認飛行物体の目撃報告が複数寄せられていることが判明した。アメリカではモンタナ州やニューメキシコ州、さらにはモロッコのカサブランカやマラケシュ。そして日本の沖縄県からも報告が届いていた。これらの地域で逆転層発生は確認されていない。つまり、空軍の発表は完全に誤りだったことになるのだ。しかし、現在に至るまで空軍並びにアメリカ政府は、この事件についての追加情報を発表していない。


最後に、日本が関連したUFOの隠蔽騒ぎを紹介しよう。

一九八六年十一月、パリ発アラスカ経由東京行きのボーイング貨物機が、アラスカ州の上空高度約一万メートルを飛行中、巨大な未確認飛行物体に遭遇した。

搭乗していた日本人機長によれば飛行物体は球形をしており、その大きさは自機の三倍から四倍もあったという。飛行物体は一時間弱に渡ってボーイング貨物機と併走。何故かレーダーには緑の物体として映っていたとの情報もある（通常、飛行物体が金属であれば赤色に反応する）。やがてアラスカに着陸する直前、飛行物体は消失してしまった。

一連の出来事を報告した機長は、すぐさまアメリカ連邦航空局によって事情聴取され、薬物や酩酊などの可能性がないことが判明している。なんとも不思議な事件ではあったが、それ以上の調査は行われず、すべてはここで終わるはずだった。

ところが一ヶ月後、機長が事件を新聞社に勤務する友人に話したところ、その人物が大々的に報道。テレビや雑誌がこぞって取り上げる事態となり、機長は一躍時の人となった。

だがその直後、一部メディアが「飛行物体は惑星の見間違い」と報道、それに続いて副操縦士は「光は見たが飛行物体とは考えていない」と証言、機関士も「何も見ていない」とそれに続いた。結局、マスコミは「機長の嘘か錯覚だった」と変調。未知との遭遇から一転、機長は半ば詐欺師か狂人のような扱いを受けることとなり、騒動は終息した。

潔白が証明されたのは、十五年後の二〇〇一年。ＮＡＳＡの元関係者や退役軍人、政府関係者などで作られた組織による、ＵＦＯと異星人に関する記者会見の席上だった。

会見の中で、当時の事故調査部長だったアメリカ人男性から、驚愕の証言が飛び出した。ボーイング貨物機がアラスカで遭遇した飛行物体は、アメリカ連邦航空局のレーダーでも確認されていたというのである。

事故調査部はすべての資料と音声記録を元にシミュレーションを行い、男性はその結果を連邦航空局長に報告する。聞き終えた途端、局長はその日の予定をすべてキャンセルすると「大統領に面会する」とだけ言い残して部屋を出たという。

二日後、男性は緊急の報告会議に召集された。彼以外の出席者はＦＢＩ関係者とＣＩＡ担当者、そして大統領直属の科学調査班という、物々しいメンツだった。一通りの報告が終わって閉会する直前、ＣＩＡから参加者全員に対して通達がなされた。

「この事件は公式には存在せず、この会議も開催されなかったことにしてもらいたい」

その後、ＣＩＡは資料をすべて持ち去ったが、男性は密かに原本を保管、記者会見の席ですべてを公表したのであった。

なお、この記者会見は他にも驚くべき報告が多数公表され、全世界のニュースで取り上げられたのだが、本国アメリカの大手メディアでは、小さな扱いで紹介するにとどまった。また、政府も公式な見解を一切発表していない。

果たして真実はどこにあるのか。アメリカ政府は、いったい何を隠しているのか。

我々の憶測をよそに、今日も世界の各地ではＵＦＯの目撃報告が相次いでいる。

未解決の謎

セイリッシュ事件

こんな話を、あなたは知っているだろうか。

アメリカとカナダの国境に位置するセイリッシュ海は、巨大な河を思わせる形状の海峡であり、付近に諸島がいくつも点在するリゾートのメッカとして知られている。そんな穏やかな観光地の海辺で十年以上前、前代未聞のミステリーが発生した。

すべては二〇〇七年八月、ワシントンから遊びに訪れていた一人の少女がブリティッシュコロンビア州の島で、砂浜に流れ着いた靴を何気なく拾いあげたことから始まった。

靴は空っぽではなかった。人間の足が入っていたのである。

DNA検査の結果、この足は同州に住んでいた男性の右足だと判明した。男性は長らく精神疾患を患っており行方不明となっていた。この時点では、警察も付近住民もこれで終わりだと思っていた。病気を苦にした男性が自ら命を絶ち、何かのはずみで足だけが肉体を離れたのだろうと考えていた。

ところが同月、今度は別な島に男性のものと思われる、腐敗のひどい右足が漂着した。半年後の二〇〇八年二月には別な島へ男性のものらしき右足が流れ着き、五月には女性の右足が砂浜で見つかった。この女性は四年前に同州の橋から身を投げていることが判明したが、それが四年も経ってから、しかも足だけが発見された理由は誰も分からなかった。

六月には近隣の島で男性の左足が打ち上げられる。五本目の足である。ここまで続くと、さすがに単なる偶然とは考えられない。謎の足は国際的な注目を集めるようになり、オーストラリアの有名紙や南アフリカの新聞に取りあげられ、世界中で様々な憶測が飛び交うようになった。

そんな世間の騒動を嘲笑うように、八月、今度はアメリカのワシントン州に面する海岸でグズグズに腐った男性の右足が回収された。十一月、再びブリティッシュコロンビア州で女性の左足が漂着。この足は五月に見つかっていた足と同じ持ち主のものであった。十月には、今年の初めから行方不明になっていた男性の右足が見つかる。

わずか一年あまりの間に、八本もの「足だけ」が発見されたのである。

その後、足の漂着はいったんなりを潜める。「流石《さすが》に八本で打ち止めか」と人々が胸を撫で下ろし始めた二〇一〇年八月、ワシントン州の島に、幼い子供のものと思われる腐敗した右足が漂着。十二月には同州に、やはり幼い子供らしき腐った右足が流れ着いた。

何も終わってはいなかったのだ。

その後も、足は続々と見つかった。

二〇一一年八月には、性別も左右も不明な腐敗した足がブリティッシュコロンビア州の川で発見され、十一月には十五年前から行方不明になっていた男性の右足が湖に浮かび、翌月にはワシントン州の湖でまたも性別左右ともに不明の足が発見、年が明けた二〇一二年一月には、やはり腐敗した性別不明の足が流れ着いた。

それから二年後の二〇一四年五月、ワシントン州のシアトルに男性の腐った左足が見つかり、最近では二〇一六年の二月に、男性の左右の足が続けて発見された。

つまり、この奇怪な事件は現在進行形なのだ。

この海域ではおよそ十年で合計十七本の足が見つかった計算になる。奇妙にも、彼らもしくは彼女らの足以外の部分は一つも発見されていない。一体や二体であればまだ理解できるが、十七人分の（厳密には同一人物と思われるケースが三例あったので十四人だが）胴体が足を残して消失するなど、簡単には信じられない。

不思議なことはまだある。

足の切断面からは、人為的に切断した形跡はいずれも確認されていない。つまり水中で自然に胴体と分離した可能性が高いのだ。これは専門家に言わせると「宝くじに当たるような確率」なのだという。水中で腐敗した結果、四肢が分離するケースはある。しかし、大抵再び浮上してくるのはガスが溜まって軽くなった胴体なのである。ミッシリと中身が詰まっている足だけがこれだけ発見されることなど、通常では考えられないのだ。

原因に関しては諸説ある。

当初は、二〇〇五年にクアドラ島で起こった飛行機墜落事故の犠牲者だという説が囁かれた。しかし墜落事故の犠牲者は四人。左右流れ着いても最大で十二本のはずなのだ。

他には二〇〇四年のスマトラ沖地震で亡くなった人の足が流れ着いたという説もある。見つかった靴の製造年月日がいずれも二〇〇四年以前であることに基づく説だが、足だけが流れ着く理由にはなっていない。

付近で噂になっているのは「大掛かりな犯罪組織が関与しているのでは」という説だ。被害者は重石をつけて海に沈められたが、時間の経過とともに足首だけが分離してしまい、胴体は重石を抱いたまま沈んでいるというのである。

この説が本当だとすれば、カナダとワシントン州周辺には恐ろしいほど残虐な殺人集団が暗躍していることになる……。

すべては仮説に過ぎない。一切の答えを拒むように、足はいまも漂着し続けている。

世界の噂

メッセージ

現代ほど、人間が言葉を多用する時代はないとされている。インターネット、そして電子メールの発達により、私たちは他者へ毎日、あるいは毎時間、人によっては毎分ごとにメッセージを送るようになった。地球は今や、無数のメッセージで溢れ返っている。

だが、これから紹介するメッセージはやや異質かもしれない。世界の誰も、その意味を知らないのだから。

アメリカ、バージニア州にあるCIA本部敷地内に、未だに説かれていない暗号があることをご存知だろうか。それもただの暗号ではない。石碑なのだ。巨大な石碑が、人類の誰も解明していない謎を刻みつけ、立っているのだ。

石碑の名は、ギリシャ語で隠すという意味の「クリプトス」。一九九〇年、芸術家のジム・サンボーンによって設置された彫刻である。

クリプトスはその高さおよそ四メートル、緑青で覆われた銅と御影石で造られており、書物を立てたような形で直立している。板面にはアルファベットが八百七十文字打ち抜かれているが、一つとして判別できる単語はない。これらはすべて暗号化された文章で、作者のサンボーン曰く、文字群には四章で構成されたメッセージが隠されていて、全部を解き明かすと意味が分かる仕組みになっているのだという。彼はＣＩＡの暗号センター長と共に、この暗号システムを考えたと発言しており、解読文が記された文書入りの封筒がＣＩＡの文書保管庫に眠っていることを明かしている。

この石碑が一九九〇年に設置されるや否や、各国の強者が暗号を解読しようと腕をまくった。何せアメリカの機密情報のメッカ、ＣＩＡの本部に建てられているのだ。解き明かした暁には、どれほど重要なメッセージが明らかになるか想像さえ及ばない代物なのだ。

一九九九年には、南カリフォルニアのコンピュータ科学者が三つの暗号を解読したと公表。彼が解き明かしたのは七百六十文字で、残りの第四章は分からないままだった。同時期、ＣＩＡ分析官が同じ部分を一年前に鉛筆と紙を用いて解読していた事実を公表、しかし彼もまた、最後の章には辿り着いていない。

ＦＢＩもチームを率いて、第三部まで解読していたと二〇〇五年に報告した。また、インターネットグループのヤフーも、二〇〇三年に調査グループを設立し、二千人のメンバーで解読を試みている。しかし、調査報告は現在もなされていない。

つまり第四章については、世界中の誰一人として未だに解答を得ていないのである。

唯一公になったヒントは二〇一〇年、設立二十周年の記念にと、作者のサンボーン自ら明かしたものだけである。彼によれば、第四章の残り九十七文字のうち、「ＮＹＰＶＴＴ」と書かれた部分は「ＢＥＲＬＩＮ」と解読するのだという。この情報を受けて、ヤフーは世界規模の電話会議を行った。しかしそれでも謎は解明されず、現在も各国で個人が、または巨大組織が調査を進めているのである。

設立からまもなく三十年。世界で最も難解な暗号を刻んだまま、クリプトスは今日も立ち続けている。

アメリカ、ジョージア州はエルバート郡の山頂に立つ石碑、通称「ジョージア・ガイド・ストーン」は、「現代の十戒」と呼ばれている。

ジョージア・ガイド・ストーンは、重さ二十トンにもなる巨大な四つの一枚岩が、てっぺんの冠石を支えるようにそびえており、上空から見るとアルファベットのXの形をしている。中心の冠石には天体観測ができるスリットと、北極星を常に見られるよう設計された穴が開いている。すなわちこの巨石は、天文学的な計算に基づき建てられているのである。

だが、奇異なのはそれだけではない。このジョージア・ガイド・ストーンの側面には、英語をはじめとする八つの言語で以下のようなメッセージが刻まれているのだ。

■自然界調和のため、人口を五億人にすべし。
■優性と多様性を賢く使い、人口の再産を導くべし。
■新しい言語で、人々を統合すべし。
■情熱と信頼と伝統、理性によってすべてを支配すべし。
■正しい法律と正しい法廷で、人々と国家を保護すべし。
■すべての国家は世界法廷で、国家間の紛争を解決すべし。
■無駄な法律と無駄な公務員を減らすべし。
■個性を、社会的な義務によって正すべし。
■真実と美、愛情と無限の神に基づく調和を求めるべし。

■地球の癌にならぬよう、自然を残すべし。

他にも、エジプトの古代文字であるヒエログリフやギリシャ語、サンスクリット語や古代バビロニアのアッカド語でメッセージが刻まれていたり、タイムカプセルを埋めた旨の宣言書が彫られている（開封日だけが空白のままである）など、謎に満ちた要素は多いのだが、まずは「現代の十戒」と呼ばれるメッセージについて考えてみたい。

何より目をひくのは、一番目のメッセージ「人口を五億人にすべし」である。

現在の地球の人口がおよそ七十億人。つまりこのメッセージを唱えた人物は、六十五億人は必要のない人間であると訴えているのだ。その主張は最後のメッセージからも読み解ける。文脈から推察するに「地球の癌」は人類を指していると考えて間違いないだろう。

地球に害をなす人類を大幅に減らし、選ばれた人間だけが残る世界を築く。なにやら映画に出てくる狂信的な組織を彷彿とさせるではないか。

事実、ジョージア・ストーン・ガイドを調査している人の多くが、このメッセージは「新世界秩序思想と合致する」と述べている。新世界秩序とは、ＳＦ小説家のＨ・Ｇ・ウェルズが一九四〇年に提唱した理論で、国という概念をなくし、選ばれたエリートによって全世界が管理されるべきだという考えである。

一種の選民思想であるこの新世界秩序だが、政治家や財界人、宗教家などにも密かな賛同者が多いと噂されている。彼らは優生学に基づいて人口を調節し、宗教を統一しようと企んでいると言われ、ジョージア・ストーン・ガイドこそが、その宣言だというのだ。

他にも、十のメッセージについては様々な説が囁かれている。悪魔崇拝者によるキリスト教への宣戦布告であるとする説、ヨーロッパで暗躍した秘密結社「薔薇十字団」が建設したという説。また、建設時が米ソ冷戦の最中だったことから、第三次世界大戦で人類が滅びた後の遺言ではないかという説もある。

しかし、何故この巨大な石碑はここまで人々の注目を集めているのか。それは、設立の経緯が謎に満ちたものであったことも関係している。実はこのジョージア・ストーン・ガイド、建てた人物の素性がまるで分からないのだ。

一九七九年、エルバート郡にある会社のオフィスに、この辺りでは見かけない顔の人物が訪れた。彼はR・C・クリスチャンと名乗り、「所属する《ロイヤルアメリカン》という組織の記念碑を建てたいので、土地を探してもらえないか」と相談する。オフィスはすぐに業務を請け負い五千ドルで土地を取得、かくしてジョージア・ストーン・ガイドは翌年に完成。当日はセレモニーが行われ、およそ四百名が参列したという。

ところが、石碑完成後に多くのメディアが調査した結果、R・C・クリスチャンという名前の人物もロイヤルアメリカンなる組織も実在しないことが判明したのである。R・C・クリスチャンは、最初にいくつかの指示をした後は姿を現すことはなく、ジョージア州に住む銀行家の男性を通じ、手紙で指示を送っていた。その手紙もまた奇妙なことに、様々な国の消印が押されていたという。

そしてこの奇妙な人物は、最後に大きな謎を残して姿を消す。

R・C・クリスチャンは、完成後も銀行家の男性とだけ頻繁に連絡を取り合っていたのは先に述べた通りである。そして、その連絡が途切れたのは二〇〇一年の九月十一日前後。つまり、ニューヨークで旅客機テロがあった時期なのである。これは単なる偶然なのか、それとも関連があるのか。答えられる者は、誰もいない。

最後に、気になることを一つだけ紹介しておきたい。

話題にあげた十のメッセージは、先ほど言ったように八つの言語で書かれている。これはつまり、その言語を用いる国の人々に向けて書かれたと考えられる。

その言語とは、英語、ロシア語、アラビア語、中国語、スペイン語、スワヒリ語、ヒンディー語、ヘブライ語。

日本語はないのだ。これはいったい、何を意味しているのだろうか。

～世にも奇妙な男、鈴木呂亜～

黒木あるじ

最初の印象からして、なんとも奇妙な人物であった。

知人の知人を介し（という経緯自体すでに都市伝説的なのだが）出会った彼は開口一番、「怪談はあまり好きではありません」と宣《のたま》ったのだ。怪談書きに対しての発言としては、なかなか挑戦的な科白《セリフ》である。

「では、なにがお好きなのですか」

そう訊ねる私に、男は無言で分厚いノート数冊を差しだした。

ページをめくると、そこには三面記事の切り抜きやウェブのプリントアウト、さらには英語のタブロイド紙や郷土資料のコピーなどがびっしりと貼りつけられていた。それらを目で追ううち、私はこのスクラップ群の正体を悟る。貼られていたのは、巷間に流布する口承や噂話、いわゆるところの都市伝説だったのである。

目の前に座る男性ひとりで、この病的な（というと本人は怒るかもしれないが）資料をすべて集めたのか。だとしたらこの一冊を完成させるまでに、いったいどれほどの手間と根気が必要であったのか。それはもはや、噂に取り憑かれているようなものではないか。

愕然とする私に向かって彼は、今日持参したほかにも十冊以上のノートが存在すること、その幾つかは直に人から聞き集めたものであることなどを早口で告げてから「僕は、噂が本当に好きなのです」と、心から嬉しそうな表情で言ったのである。

嗚呼、そうだ。

私が話を聞いて文章化するのではなく、彼自身に書いてもらおう。

それが読みたい。彼の偏執的な知識が詰め込まれた一冊が読みたい。

奇妙な男、鈴木呂亜誕生の瞬間である。


怪談実話を書いている所為で誤解されがちなのだが、正直に申しあげるなら私は都市伝説の類に明るくない。有名な話はさすがに知っているが、それとて都市伝説という名称の生みの親であるハロルド・ブルンヴァンの著書で読んだ程度であり、詳しいとはとても言い難い。そもそも都市伝説と怪談実話とは取材のプロセスがまるで異なるため、拝聴する機会にはあまり恵まれないのである。ゆえに私は、彼と接していた時間の大半を、純粋に愉しんでいたように思う。虚も実も定かではない都市伝説の数々を、嬉々として拝聴し、懐かしんでいたような憶えがある。

そう、懐かしかったのだ。

子供時代、私は世界の不思議な逸話が掲載された本を貪るように読んでいた。バミューダトライアングル、ネス湖のネッシー、ロズウェル事件……それらを扱う書籍はさながら世界に続く扉のような気がした。この世にはお前の知らない出来事があるのだよと囁く、真っ白な地図のようなものだった。

鈴木氏の文章は、あの扉とおなじにおいがした。白地図とおなじ手触りを有していた。この懐かしくも新しいという矛盾した感覚、読者諸兄にもご理解いただけるだろうか。


表紙には私が監修として銘打たれているが、それは名ばかりである。私自身がおこなったことと云えば、「鈴木さんが直接聞いたかどうかにこだわらず、おもしろいと感じる話を積極的に書いてほしい」「本筋とテーマが共通する資料や記事を併記してはどうだろうか」など、ほんの僅かにアドバイスした程度だ。もし、読者諸兄が本書を読み終えて満足したなら、それは鈴木氏自身の功績だ。顔も素性も一切を明かさぬ、まさしく「噂の男」に、どうか拍手を送っていただきたい。

余談になる。

本書の第一稿を読み終えた際、私は感想を述べようと鈴木氏に電話をかけた。ところが彼はこちらの話などほとんど意に介さず、「こんな話を知っていますか」と、数日前に入手した噂（たしか、アメリカの高級ホテルで開催される遺体解剖ショーの話だった）を一時間ばかり一方的に語り倒し、そのまま電話を切ったのであった。

鈴木呂亜、やはり奇妙な男である。

都怪ノ奇録

2018年2月5日　初版第1刷発行

監修	黒木あるじ
著者	鈴木呂亜
デザイン	橋元浩明(sowhat.Inc.)
企画・編集	中西如(Studio DARA)
発行人	後藤明信
発行所	株式会社 竹書房 〒102-0072 東京都千代田区飯田橋2-7-3 電話03(3264)1576(代表) 電話03(3234)6208(編集) http://www.takeshobo.co.jp
印刷所	中央精版印刷株式会社

定価はカバーに表示しています。
落丁・乱丁本の場合は竹書房までお問い合わせください。

ISBN978-4-8019-1362-2 C0176